世界の未解決ミステリー

Unsolved Mysteries of the World

鉄人ノンフィクション編集部

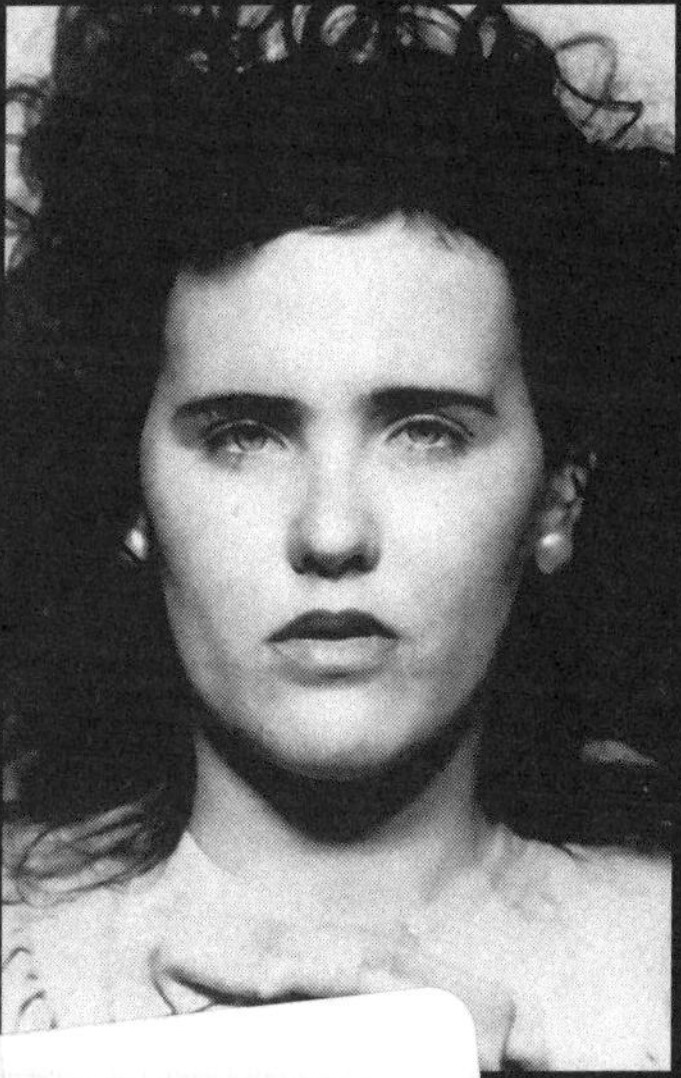

知れば知るほど背筋が凍る

Elizabeth Short, aka the "Black Dahlia," was just 22 years old when she was brutally murdered in Los Angeles on January 15, 1947. The 1947 murder of Elizabeth Short, also known as the "Black Dahlia," is one of the oldest cold cases in Los Angeles. Not only was it a horrific crime, but it's also proven notoriously difficult to solve.

第1章

殺人の迷宮 国内編

第2章 殺人の迷宮 海外編

第3章 人間蒸発

第4章 謎の死

本書は書籍「知れば知るほど背筋が凍る　世界の未解決ミステリー」（2022年3月、弊社刊）を文庫化したものです。

本書掲載の情報は2023年4月時点のものです。

第1章

殺人の迷宮

国内編

東京第一ホテル女性歯科医殺害事件

夜遊び、不倫。派手な交友関係が週刊誌の恰好のネタに

1972年6月26日午前9時、東京都港区新橋の第一ホテル新館の一室で熊本県の歯科医、谷脇キヌコさん（当時37歳。既婚）の絞殺体が発見された。遺体は全裸で、当時流行りの黄色い胸当てパンタロン、ブラカップスリップ、ショーツなどがかぶせてあり、鑑定の結果、死亡後姦淫されていることも判明した。

谷脇さんは前日の25日、同郷の友人男性医師2人と霞が関で開かれた日本歯科医師会の講習会に出席の後、3人で西銀座の焼き鳥屋で夕食をとり、19時頃に「疲れたから先に帰る」と店を出て宿泊先の第一ホテルへ。1時間半後の20時30分頃、何者かに殺害されたものと推定された。状況から彼女が犯人を部屋に招き入れたことは明らかで、顔見知りの犯行が濃厚だった。

そこでまず疑われたのが一緒に食事をとった2人の友人男性だ。彼らは谷脇さんが先に帰った後、映画を観ていたが、そのうちの1人が20時30分頃、自分も気分が悪いと同ホテルへ戻っていた。彼は部屋に戻り週刊誌を読んでいたというが、アリバイはない。しかし、被害女性の体内に残っていた精液と血液型が一致しなかったため容疑は晴れる。

次に警察が調べたのが、谷脇さんの交友関係だ。彼女はこれまで前記の講習会に何度も出席しており、30人いる参加者で唯一の女性。いつも新しいファッションを着こなして「女王様」と冷やかされていた。実際、東京を訪れた際はいつもダンスホールなどで遊び歩いていたこと

がわかった。

やがて捜査線上に東京に住む1人の男性が浮かぶ。谷脇さんの出身校、九州歯科大学の2年先輩で、彼女とは3年前から不倫関係にあった歯科医だ。今回も、谷脇さんが上京した24日夕方から25日の朝方にかけて密会しており、このとき、彼女は一緒に上京した医師2人に「親戚の家に行く」と嘘をついていたそうだ。痴情のもつれで、この歯科医が犯行に及んだのか。だが、鑑定の結果、遺体が発見された部屋から見つかった指紋や血液型は男性歯科医とは一致しないことが判明。彼もまた犯人ではなかった。

谷脇さんは誰に殺害されたのか。顔見知りの犯行に絞った警察は、彼女の行きつけだったダンスホールの男性客や講習会のメンバー、九州歯科大学の同窓生などを徹底的に調べ上げたものの有力な手がかりは摑めない。事件から5年後に重要参考人として発表された東京の歯科大学の元教授も、密告者による虚偽の通報であることがわかった。美人女性歯科医。不倫。夜遊び。事件は週刊誌の恰好のネタとして派手に報道され、真相はそのまま闇に葬られた。

右　事件の舞台となった第一ホテル（現・第一ホテル東京）
左　被害者の谷脇キヌコさん（事件当時37歳）

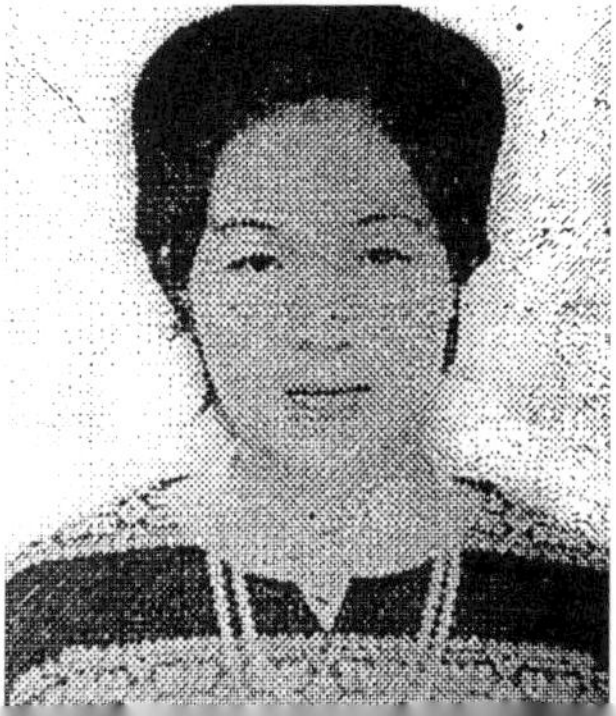

パラコート連続毒殺事件

自販機の取り出し口に置かれた〝別の1本〟を飲み12人が犠牲に

1985年4月30日、広島県福山市のトラック運転手（当時45歳）がドリンク自動販売機の上に置かれていたオロナミンCを飲んだところ、突然悶え苦しみ2日後の5月2日に死亡した。運転手の嘔吐物から除草剤のパラコートが検出され、事件は毒殺と判明する。パラコートは当時、18歳以上なら印鑑さえ持っていれば農協から誰でも購入でき、摂取量が多ければ死に至る代物だったが、解毒剤はなかった。

惨劇は5ヶ月後の同年9月から全国各地で多発する。11日、大阪府泉佐野市で52歳の男性が自販機でオロナミンCを購入した際。取り出し口にすでに同じ商品があることに気づき、2本とも持ち帰り帰宅後に飲み14日に死亡。翌12日には三重県松阪市で22歳の男子大学生、19日に福井県今立郡今立町（現：越前市）で30歳の男性、翌20日には宮崎県都城市で45歳の男性、23日には大阪府羽曳野市で50歳の男性が自販機の取り出し口にオロナミンCを2本見つけ持ち帰り、9月25日の午前中に摂取。翌日に容態が急変し、10月7日に息を引き取った。検出された毒物はジクワットだった三重県松阪市の事件を除き、全てパラコートだった。

飲み物を使った毒殺事件は、1977年にも起きている。電話ボックスの中に転がっていた栓の閉まったコーラの瓶を男子学生が持ち帰り口にしたところ、意識不明の状態に陥り亡くなった。調査の結果、コーラに青酸が入っていたことが判明した、いわゆる青酸入りコーラ無差別殺人事件（死者3人。未解決）以降、自販機で販売される飲み物は、開封済かどうか一目でわかるような構造が採用される。具体的には、瓶入りの飲み物は開封するとリングが落ちるように、缶入りの飲料は一度開けると戻せないプルトップ式に変更となった。が、1985年はまだ構造変更が全国に浸透しておらず、9月の事件を受け警察が注意喚起を促したものの10月には4人、11月には2人が死亡。犠牲者は都合12人を数えることになった。

未曾有の大事件に全国の警察は捜査に躍起となったが、当時は監視カメラもなく、物証もほとんど残っていなかったため、犯人は逮捕されないまま迷宮入りとなる。一連の事件が同一人物による犯行だったのかどうかも不明のままだ。

ちなみに、飲み物に毒物をまぜる事件は、2019年11月にも発生している。秋田県横手市にある自販機で、取り出し口に置かれていた缶ビールからパラコートが検出されたのだ。幸い犠牲者は出なかったが、事件はまだ終わっていないのかもしれない。

自動販売機の商品受け取り口に、取り忘れたように未開封のドリングが置かれていたら要注意（写真はイメージ。本文とは直接関係ありません）

ピル治験女性バラバラ殺人事件

事件から31年後に見つかったスウェーデン人女性の遺体に関連が⁉

1986年5月20日、東京都葛飾区在住の豊永和子さん（当時22歳）を含む5人の女性が、日本人女性を対象としたドイツで行われるピルの治験ツアーに参加するために成田空港を出発した。5人は6月9日から9月12日までの間、フライブルク市にあるホテルに滞在しながら治験要員として過ごした。

治験終了後、豊永さんはすぐに帰国せず、9月17日にイタリアへ入国してから欧州各国を旅行。10月4日にフィンランドのヘルシンキに入り「これからコペンハーゲン経由で南ヨーロッパを旅行する」と家族に手紙を送って以降、行方不明となった。

遺体が発見されたのは10月31日のこと。デンマークのコペンハーゲン港で、タクシー運転手が海面に漂っていたプラスティック製のバッグを発見した。中身を調べると人間の下半身や脚の一部が詰められており、タクシー運転手はすぐに地元警察へ通報。デンマーク警察は港と周辺の海中を徹底して捜索を進めた。その結果、残りの頭部や腕も見つかり、11月7日までに遺体の全てが発見される。デンマーク警察が国際刑事警察機構（ＩＣＰＯ）を通じて各国に遺体の特徴を手配したところ、翌年1987年6月に日本の警察庁から遺体と特徴が似ている女性の捜索願が出ているとの連絡が入る。さっそく、指紋照合が行われ、結果は一致。遺体は豊永さんであることが確認された。

彼女はなぜ、誰に殺されたのか。実は、１９８６年以前にも治験ツアー絡みの類似事件が起きている。国籍不詳の外国人女性２人が、１９８２年と１９８５年に欧州の女性を対象とする治験ツアーに参加した後、バラバラ死体となって発見されたのだ。このツアーを企画したのは西ドイツ（当時）のフライブルク市に拠点を置く臨床薬理試験会社で、豊永さんが参加したツアーも企画していた。当時、多くの医薬業界関係者は、なぜ多額の費用をかけてまで治験ツアーを行うのかよくわからない。海外の製薬会社が治験を行う場合は、国内の大手製薬会社や大学に依頼するのが通常であり、日本の女性をわざわざ海外に連れ出すなど、いまだかつて聞いたことがないと疑問を呈したが、会社側は事件との関与を完全否定した。

豊永さんの遺体が発見され31年が過ぎた２０１７年8月、奇妙な事件が起きる。スウェーデンの女性ジャーナリストで手作りの潜水艦を取材中に行方不明となったキム・ウォールさん（当時30歳）の頭部のない胴体が、コペンハーゲンの海岸で見つかったのだ。犯人はデンマークの発明家で当時46歳のピーター・マドセンなる男性だったが、現地メディアの報道によれば、この事件と豊永さんの事件に共通項があり、デンマーク当局が捜査中だという。果たして真相は明らかになるのだろうか。

被害者の豊永和子さん（上）と、2017年8月にバラバラ遺体で発見されたキム・ウォールさん

多摩保母マンホール死体遺棄事件

蓋の開閉が可能だった市役所勤務の交際男性は容疑を否認

東京都多摩市貝取《かいどり》一丁目。小田急多摩線の永山駅と多摩センター駅の間の道路にあるマンホールから汚水が溢れているという電話が多摩市役所にかかってきたのは、1997年1月14日朝のことだ。さっそく職員が現場に駆けつけマンホールを開けたところ、奥底にマネキンのようなものが浸かっているのが見えた。人間の遺体だった。汚水が溢れ出たのは腐乱が進み剥げ落ちた肉片が詰まったことによるものだった。

遺体は頭頂部や鼻など数ヶ所の骨が折れ、腐乱も激しかったが、警察の鑑定の結果、歯の治療痕から身元が判明する。八木橋富貴子さん（当時39歳）。約1年前から行方不明者として家族から捜索願が出されていた保育士の女性だった。

八木橋さんの姿が消えたのは、1996年2月27日。東京都北区西が丘にある勤務先の保育園を出た後、17時30分頃に都営三田線本蓮沼《もとはすぬま》駅で同僚と別れた。その後多摩市内のスーパーで買い物をし、21時には新聞の集金人が彼女を目撃したが、これを最後に行方不明となっていた。翌日、それまで無遅刻、無欠勤だった彼女が職場に来ず電話にも出ないことを不審に感じた園側が、青森県の実家に連絡。上京した父親が捜索願を提出したのは3月1日のことだ。

八木橋さんは地元の短大の保育科を卒業後、上京して多摩市内の保育園に就職し14年間勤務した後、1991年3月に結婚を理由に退職。翌4月からは北区の保育園に移っていた。希望していた年長《ねんちょう》組の担当を実現したこともあって現在の子供たちが卒園したら青森に帰るという話もあったようだ。

警察の調べで、自宅室内は荒らされたり争ったりしたような形跡はなく、冷蔵庫にはイチゴや納豆が残されていた。ただ、いつも持ち歩いていた巾着《きんちゃく》がなくなっていた。その中には財布と750万円が貯金された貯金通帳、他に日記帳などが入っていたが、その後、貯金が引き出されることはなかった。

状況から被害者は当日夜、新聞代を支払った後、何者かに呼び出され、殺害された後、マンホールに沈められたものと推察された。警察は顔見知りの犯行と睨んで捜査を開始。その中でも最も疑われたのは、市役所勤務の男性だった。マンホールの蓋の重量は約40キロ、直径は約60センチ。通常は専用の工具を使って開閉する。その男性は職務上、工具の入手が可能だった。彼の自宅は、そのマンホールや八木橋さんのマンションにも近く、当日のアリバイも曖昧であった。また、八木橋さんと付き合いがあったことも本人は認めている。捜査本部は、一般の工具でもマンホールの蓋が開けられるかを実証し可能との結果を得たが、状況証拠だけで男性に容疑をかけるのは無理との判断に至り、逮捕は見送ることとする。何より男性自身が無罪を主張していた。果たして、真相は…。

遺体が見つかった多摩市のマンホール

香川県まんのう町女子高生殺人事件

バイト先のコンビニから30キロ離れた山林で遺体発見

1997年3月16日、香川県仲多度《なかたど》郡まんのう町（旧琴南《ことなみ》町）で、アルバイト帰りの女子高生が何者かに殺害される事件が発生した。女子高生の遺体が発見されたのは、バイト先から30キロも離れた山林の中だった。

被害者は、香川県三豊《みとよ》市（旧高瀬町）在住で、県立観音寺《かんのんじ》第一高校に通っていた真鍋和加さん（当時16歳）。彼女は3月15日22時過ぎ、自転車で5分程度の距離にあるバイト先の三豊市内のコンビニを出た後、行方がわからなくなっていた。ちなみに、この日は小雨が降っていたため、バイト先に行く際、姉に車で送ってもらったという。また、肌寒い時期だったにもかかわらず、和加さんは薄い綿のTシャツ1枚で、公衆電話をかけるための小銭以外、財布も持っていなかったそうだ。最後の目撃証言は22時過ぎ。バイト先の同僚が、傘も差さずにコンビニの向かい側にある歩道に立っている彼女の姿を見ていた。

その頃、和加さんの自宅では父親と姉はすでに就寝し、母親だけが起きていたものの仕事の書類を作成しているうちに寝入ってしまったという。翌16日の朝5時過ぎ、目を覚ました母親が未だに娘が帰宅していないことに気づき、バイト先へ問い合わせたところ「15日の夜10時過ぎに退店した」との返事が。母親は唖然とするしかなかった。

午前10時過ぎ、真鍋さん宅に彼女の友人から電話がかかってきて、和加さんと待ち合わせを

KSB
女子高生殺害で新情報
母親が20年の思い語る
遺体が見つかった山林
香川・旧琴南町　1997年
1997年3月16日
旧琴南町の山中で当時高校1年生の
真鍋和加さん(16)が遺体で見つかる

発生から20年後の2017年、改めて事件を取り上げたKSB瀬戸内海放送の報道。映像内の山林が真鍋和加さんの遺体が見つかった山林

していたものの、約束の時間になっても現れないと言う。娘が事件に巻き込まれたのではないかと考えた両親は、警察に捜索願を提出すると同時に、手分けして和加さんの捜索を始めた。

翌17日の午前9時20分。和加さん宅から30キロ程離れた、まんのう町川東焼尾《かわひがしやけお》の山林に遺体が捨てられているのを山の所有者が発見した。この所有者によると、初めはマネキンが投棄されているのかと思ったという。通報を受けた琴平《ことひら》警察署の捜査員が現場に到着し遺体を確認。上半身は長袖の白いTシャツで、下半身は片足に靴下を履いていただけの状態で、司法解剖の結果、死因は首を絞められたことによる窒息死であることが判明した。警察は殺人・死体遺棄事件と断定し捜査本部を設置する。

翌18日、地元新聞の朝刊に、まんのう町の山林での死体遺棄事件の記事が掲載された。和加さんの父親は記事を見て「もしかしたら娘ではないか」と考え、すぐに琴平署へ出向く。不安は的中した。指紋を照合した結果、遺体の身元が間違いなく和加さんであると判明したのだ。

捜査本部は延べ約5万6千人の捜査員を投入し、交友関係から、地元住人など約3万3千人に聞き込み調査を実施。21日には、捜査員が高瀬町の公園で和加さんの靴を発見した。が、それ以降、事件解決の手がかりは見つからず、２０２２年3月現在も犯人は逮捕されていない。

事件の犯人像については様々な推察が飛び交った。遺体が発見された際、和加さんの衣服が脱がされていたことから暴行目的の犯行だという意見。また、彼女の靴が発見された公園から遺棄現場まで距離があったことから、身近な人間による犯行という説。和加さんの家族は、遺体発見現場には野犬が多く生息していることから、犯人が野犬を利用して証拠隠滅を図ったのではないかと考えたという。

事件当日に被害者が着ていたTシャツ

事件から20年後の２０１７年11月10日、香川県警捜査１課は、和加さんの左足の靴が発見された三豊市の公園付近で不審車両が目撃されていたと明らかにし、同時に事件当日に被害者が着ていたTシャツの画像も公開した。同課によると、目撃されたのは丸みを帯びた白っぽい車で、同課はトヨタ自動車のワゴン車「エスティマ」の3タイプとみて捜査していたが、有力情報は得られなかったという。捜査は現在も継続中である。

巣鴨三丁目占い師殺人事件

1年前に起きた、とんかつ店女性店主殺害事件との関連は？

東京都豊島区巣鴨。とげぬき地蔵で知られる高岩寺のある巣鴨地蔵通り商店街は「おばあちゃんの原宿」として全国的に有名だ。多くの高齢者で賑わうこの地で、1998年3月5日、残忍な事件が起きた。

同日17時45分頃、巣鴨三丁目のアパート2階の一室で占い業を営む新藤武雄さん（当時68歳）の長女（同30歳）が父の職場に足を運んだ。部屋の鍵は開いており、そのまま室内へ。と、彼女は玄関に赤いしずくのようなものがまばらに漏れているのに気づく。嫌な感触に襲われながら、赤いしずくをたどって風呂場に行くと、父親が全身血だらけで死亡していた。長女は慌てて110番へ通報する。

警察の司法解剖により、新藤さんは刃物で首を数ヶ所刺されたことによる失血死と判明した。発見時、新藤さんは背広姿で、内ポケットに現金5万円と室内に預金通帳が残されていた。こうしたことから警察は金銭目的ではなく、怨恨の可能性が高いと推定。また、玄関の床にに血痕があったことから、入り口で襲われ、そのまま浴室まで引きずられたものと睨んだ。

この日、新藤さんは午前9時頃、徒歩で職場へ向かい、15時頃、顧客の女性から電話を受け話したことがわかっている。犯行時刻は15時30分から17時頃の間の可能性が高い。当日は木曜日だったが、現場は地蔵通りに面しており、この時間帯であれば多くの人出で賑わっていたはずだ。にもかかわらず、悲鳴や不審者の目撃情報など、解決につながる情報は一切得られず、未だ犯人は捕まっていない。ちなみに、新藤さんは戦後すぐにJR新宿駅東口で易者を営むエキスパートで、事件発生の3年前に自宅近くの現場に移り仕事を続けていた。

実は、巣鴨では新藤さんの事件の1年前にも未解決殺人が起きている。1997年6月21日14時20分頃、とげぬき地蔵の近くのとんかつ店「とん清」で、店を経営する小形ヨシ子さん（同70歳）が2階6畳間の布団の上で仰向けになって死んでいるのを近所に住む義姉が発見した。小形さんの首には裁断ばさみが突き刺さっていたが、司法解剖の結果、死因は首を絞められたことによる窒息死で、殺害後にはさみを刺されたことがわかった。小形さんは普段着姿のままで頭から布団がかけ

現場は高齢者で賑わう巣鴨地蔵通り商店街に面していた（警察庁ホームページより）

られており、1階玄関の鍵は開いていた。また、家の中には売上金や350万円の定期預金、現金20万円が残されていたことから、新藤さんの事件同様、物盗りの犯行ではなく怨恨が有力だった。

小形さんは千葉県館林《たてばやし》市出身で高校卒業後に上京したが、その後20年間の生活は不明。内縁の夫と「とん清」を始めたが、事件の数年前に死別。いったん店は閉めたものの「体を動かした方が良い」として商売を再開している。店は年中無休で、営業時間は18時から2、3時間だけ。近くの東大や東京外大の学生が常連だったが、席数は8つほどしかなく、儲けの出る商売ではなかったそうだ。

事件発覚2日前の19日夜、小形さんは店を開けていた。そして閉店後、毎日通っている、店から歩いて3、4分の銭湯に23時頃へ向かい、そこで会った知人に「店の近くで変な人がうろうろしている」と話していたという。20日からは店が閉まったままで、シャッターの内側には20日の朝刊から溜まっていた。このことから犯行時刻は19日夜から20日早朝の間と見られている。20日は東京で午前11時ごろから台風が直撃しており、年中無休の店を開けていなくても不審に思われなかったため、発見が遅れたようだ。また近所の人の話では、20日の深夜12時30分頃、店から大きな音が聞こえ、その15分後にシャッターを開閉する音が聞こえたという。シャッターを操作した人物が犯人の可能性は十分あるだろう。が、警察はそれ以上の情報を摑めていない。

新藤さんも小形さんも客商売。地元の情報にも精通しており、弱みを握られたと逆恨みした人物に殺害されたのだろうか。そして2つの事件に関連はあるのだろうか。両事件ともに犯人逮捕には至っていない。

須坂市毒入りウーロン茶殺人事件

缶の中から致死量20人分相当の青酸カリが

１９９８年８月31日午前７時30分頃、長野県上高井《かみたかい》郡小布施《おぶせ》町飯田に住む塗装業の男性が朝食の際、冷蔵庫から出したばかりの缶入りウーロン茶を一気飲みし食事を摂っていたところ、突然苦しみだし、食べたものを全て吐き出した。ほどなく意識不明に陥り、救急車で病院に搬送されたものの、すでに心肺停止の状態。午前９時12分、死亡が確認された。病院側は「急性心不全」と認定したが、心不全の原因がはっきりしないため警察に検死を依頼。しかし、司法解剖でも異常は見られなかったため、そのまま心不全として処理されることとなった。

翌日の９月１日13時40分頃、男性も利用していたという隣町の須坂《すざか》市内のスーパーの店長（当時29歳）が在庫チェックの際に冷蔵棚の一番手前側に変形したウーロン茶の缶を見つけ、売り物にならないと判断し、自ら飲んだ。店長は一口飲んで味と異臭に気づく。普通のウーロン茶とは異なる異臭と苦《にが》みの強い味がしたのだ。店長は警察に不審物として提出することにした。なお、店長は少量のみ口にしたため無事だったそうだ。

警察が調べた結果、提出された缶の底にはキリで開けたような直径５・６ミリの小さな穴が開いており、接着剤のようなものでふさがれていた。また缶の製造番号は故意に消されていたそうだ。

缶の中身を科学警察研究所に調査依頼したところ、驚くべき事実が判明する。中から約５グラムの青酸化合物（青酸カリ）が発見されたのだ。致死量20人分に相当するものだった。翌々日の9月3日、新聞やテレビの報道でこの事件を知った塗装業男性の家族が警察に届けるとともに、男性が飲んだウーロン茶の缶を提出。調べた結果、店長が提出した缶と同じく裏底に接着剤の跡があり、青酸化合物が発見される。そこで科警研は病院に残されていた男性の血液を調べ、青酸の反応が出たことを確認。長野県警は「無差別殺人」として県内全域で大がかりな捜査を開始した。

問題のスーパーは国道から奥まった場所にあり、地元の人の利用がほとんどであることや、ウーロン茶の売り場が防犯カメラの設置されてない場所だったことから、警察は犯人が店の事情に詳しい地元の人間と推定。また、１９５０年に施行された毒物及び劇物取締法により一般人が青酸化合物を簡単に入手できないため、化学分野に精通した人物の犯行ではないかとも睨んだ。が、事件から4分の1世紀近くが経過した２０２３年4月現在も犯人逮捕には至っていない。

事件が起きた1998年に発売されたウーロン茶340ミリ缶（写真はイメージ。本文とは直接関係ありません）

宇都宮女子大生殺害事件

重要参考人の男性が「自分はやっていない」の遺書を残し首つり自殺

1999年4月23日、栃木県南那須町《みなみなす》（現・那須烏山市《なすからすやま》）の山林で、山菜取りにきた男性が道路から3メートルほど入った竹やぶの中で仰向けになった女性の全裸遺体を発見した。警察による解剖の結果、遺体は死後10日程経過しており死因は窒息死であることが判明。首には絞められたような痕があり、その他に目立った外傷はなかった。

殺人事件と断定した栃木県警は捜査本部を設置。ほどなく、女性の身元が宇都宮市在住、作新学院大学2年の坂本弥加さん（当時19歳）とわかる。発見現場には争った形跡はなく、別の場所で殺された後、現場に移送、遺棄されたものと思われた。

被害者の坂本さんは、遺体発見17日前の4月6日夕方、家族に対し「少し出かけてくる」と伝え車で外出した。そのまま数日経っても帰宅しない坂本さんの身を案じた家族が、4月9日に宇都宮東警察署に捜索願を提出。栃木県全域で坂本さんの捜索活動が開始され、警察が周辺住民や坂本さんの知人に聞き込み捜査を行った結果、自宅を出た4月6日夜に宇都宮市内のラブホテルで坂本さんを見かけたという目撃証言を入手する。しかし、彼女が誰と一緒だったかまではわからなかった。

5日後の4月11日、自宅から2キロ離れたファミリーレストランの駐車場で坂本さんの車が発見された。警察はファミリーレストランの店員や4月6日から11日までに来店した客に聞き込み調査を行ったが、彼女の車がいつから停められていたか、確実な証言は得られなかった。坂本さんがファミレスの駐車場から別の場所に移り、移動先で被害に遭った可能性は高い。しかし、これ以降、彼女の足取りはぷつりと消える。遺体発見はそれから12日後。ファミレスから遺棄現場の山林までは約26キロ離れていた。

それから7ヶ月半が経過した12月、坂本さんの遺体が見つかった場所の隣町にある竹藪で、栃木県芳賀《はが》町に住む当時35歳の無職男性が首をつって死んでいるのが発見された。司法解剖によると、死後半年ほど経過しており、すでに遺体は白骨化していた。実はこの男性、捜査本部が坂本さん殺害に関与する重要参考人としてマークしていた人物だった。どのような経緯で男性が疑われたのかは不明で、取り調べが行われたのかも定かではない。わかっているのは、男性が逮捕されなかったものの、坂本さんの遺体発見から1、2ヶ月の間に自ら命を絶ったという事実だけだ。

遺体の横に残された遺書には次の文言が記されていたそうだ。

「自分はやっていない」

被害者の遺体が見つかった栃木県南那須町の山林

筑波大女子学生殺人事件

事件直前まで被害者と親しく話していた自称「イタリア人男性」の行方

1999年5月3日午前8時40分頃、茨城県つくば市高田の、土浦学園線とエキスポ通りが交差する地点から1キロほど離れたシナ竹林の中で、若い女性の死体が遺棄されているのを近所に住む男性が発見した。遺体はあお向けで、靴下にパンティだけを身に付け首にはブラジャーが巻き付けられていた。通報を受け現場に駆けつけた警察は、被害女性の首に絞められた痕があったことなどから殺人と断定。司法解剖の結果、死因は窒息死で、死後2週間以上経過していることが判明する。頭部の一部は白骨化していた。

遺体の身元は、筑波大学第三学群1年生の川俣智美さん（当時19歳）。4月に同大学に入学したばかりの新入生だった。川俣さんは神奈川県藤沢市出身。音楽講師の父と学校教諭の母との間に生まれた一人娘で、湘南高校を卒業後、1年間の浪人生活を経て筑波大学に入学した。入学式前日の4月6日に学校内にある学生宿舎に入寮、その夜には先輩が開いたコンパに顔を出し、楽しそうに他の寮生らと話していたそうだ。

異変が生じるのは、入学して3日後の4月10日の夕方。同級生の女子学生が電話でコンパに誘ったところ、「イタリア人の友人に食事に誘われているので行けない」と断ったという。この電話の直前に学生寮近くの掲示板の前で、白人男性と一緒に話をしているのが目撃されていた。川俣さんはこれを最後に失踪し、同月14日に捜索願が出される。

この自称イタリア人男性は、川俣さんが入寮した4月6日から9日にかけても、宿舎周辺で一緒にいるところを複数の学生に目撃されている。身長約1メートル90センチのすらっとした体型で、年齢は20代後半。髪は短めの濃い茶色で胸の部分に水色の横線が1本入った薄い灰色の長そでシャツに、ジーンズという格好をしていたというが、この男性も事件後行方がわからなくなっていた。

警察は、寮生を中心に徹底的な聞き込み調査を行った。入寮していた学生は約1千４００人。このうち３００人が外国人だった。警察は川俣さんが失踪する直前まで、彼女と接触していた白人男性が事件に関与しているものとして、その行方を捜したが、寮生に1人だけいたイタリア人留学生は全くの無関係と判明。この他、つくば市内や周辺の大学を調べたものの、イタリア人留学生は見つからなかった。また同市内には外国人登録したイタリア人男性9人がいたが、全員が事件に関与していないこともわかっている。

川俣さんの寮の部屋に荒らされた形跡はなく、ドアには鍵もかかっていた。やはり怪しいのは、彼女と親しく話していた白人男性だ。栃木県警は現在も、男性の行方を追い続けている。

筑波學生新聞
号外
筑波大学女子学生
殺害される
入学直後に失踪
一月後に遺体で発見
発行・編集
筑波大学学生新聞会
無料

事件を報じる「筑波学生新聞」

世田谷区新町二丁目新築工事現場内殺人事件

なぜ、彼女はその日に限って帰宅ルートを変更したのか?

1999年7月12日午前7時40分頃、東京都世田谷区新町《しんまち》二丁目の新築住宅工事現場内で当時25歳だった女性会社員、梅津絵美里《うめづえみり》さんが半裸状態で死亡しているのが通行人によって発見された。死因は左手静脈を切りつけられたことが原因の失血死。いったい、彼女に何が起きたのか。

事件前日の11日、梅津さんは友人たちと一緒に渋谷のレストランで食事をした後、日をまたいだ深夜12時過ぎまで池尻にあるバーで過ごしていた。解散となったのが12時10分頃。友人に「また電話する」と言い残し、東急田園都市線（発生当時は新玉川線）の池尻大橋駅の構内に入っていく姿が最後の目撃情報となった。当時は監視カメラが少なかったこともあり、梅津さんがどの電車に乗り込んだのかはわかっていない。警察の捜査では、被害者宅の最寄りの桜新町駅に12時24分着、もしくは終電の12時34分着の電車に乗ったと推定されているが、現場までの足取りはつかめていない。

遺体が発見された工場現場は桜新町駅と梅津さんの自宅との中間に位置するものの、付近を走る国道246号から北に150メートルほどずれた、路地が入り組む人気の少ない住宅地だった。通常であれば、繁華街のある直線ルートを通って帰宅しているはずなのに、なぜ、この日に限って帰宅ルートを変えたのだろうか。

遺体発見現場近くでは、女子高生が変質者に首を絞められる事件が二度起きており、犯人は捕まっていない。さらに事件当日、黒っぽい服装の怪しい男を見かけたという周辺住民の証言が警察に寄せられたが、犯人逮捕につながることはなかった。女子高生を襲った変質者と梅津さんの事件には。何か関係があったのだろうか。ちなみに、現場からは梅津さんのサンダル、ショルダーバックがなくなっており、警察は通り魔的な犯行の可能性が高いと見ていたそうだ。

２０２３年４月、事件は未解決のままである。

上　遺体が見つかった世田谷区新町二丁目は閑静な住宅街である
下　警視庁が公開した被害女性の特徴

広島市中区16歳少女刺殺事件

友達に相談するはずだった「とても大事なこと」とは？

2000年1月20日深夜3時50分頃、広島県広島市中区西白島《にしはくしま》町の国道54号を横断する城北地下道（全長236メートル）の中央付近で、無職の熊井梢さん（当時16歳）が血を流して倒れているのを通行人が発見した。通報を受け、梢さんは病院に救急搬送されたが、約1時間後に死亡。司法解剖の結果、刃渡り10センチほどの凶器で背後から襲われ、両腕の付け根近くの背中2ヶ所と両太ももの裏側2ヶ所を刺されたことによる出血多量が死因と判明した。

梢さんは事件前日の1月19日夜から20日深夜3時頃まで、JR広島駅付近の繁華街のゲームセンターや漫画喫茶などで女性の知人と遊び、3時15分頃に1人でタクシーに乗車。自宅近くの地下道付近で降りたものの、そのまま家には帰らず、地下道を通って道の反対側にあるコンビニエンスストアに立ち寄った。3時30分頃、コンビニの防犯カメラに写った映像では梢さんは一人で、特に変わったような様子は見られなかった。

事件はコンビニを出た後、再び地下道を通過したときに発生したと思われる。梢さんが刺された直後、偶然にも友人が彼女の携帯に電話をかけていた。梢さんは「痛いよ、痛いよ、血が止まらんよ」と同じことを何度も繰り返し、友人が「どうしたん？」と聞いた途端に電話は切れてしまったという。警察は梢さんの着衣に乱れがなく、財布の中の現金も残されていたことから通り魔もしくは怨恨による犯行ではないかと睨み捜査を開始したが、目撃証言も物証とな

事件現場の地下道

るような遺留品も発見されなかった。
興味深いのは、事件の直前、梢さんが友人に電話で「とても大事なこと」について話すことを約束して助言を求めていたことだ。その内容は不明のままだが、これが事件に関係しているのだろうか。
事件から2年後の2003年1月、梢さんの養母が詐欺事件で逮捕された。梢さんは1999年3月に養母の夫が死亡した後、祖母の自宅で2人暮らしをしていたにもかかわらず、養母は民生委員を騙して梢さんを養育しているとの証明書に署名させ、遺族基礎年金計約138万円を自分の口座に振り込ませていたという。ただ、この一件が事件と関係があるかどうかはわかっていない。
2015年2月、広島県警が最新装置を使い現場を再調査したことが報じられた。壁などに特殊な光を当てることで、これまで発見できなかった指紋や遺留物を浮かび上がらせるのが目的だったが、そこでも新たな証拠は出てこなかった。複雑な家庭に育った梢さんの身に何が起こったのか。事件は迷宮入りの様相を呈している。

牛久市17歳少年強盗致死事件

少年法の壁に阻まれ、事件から18年後にようやく犯人の動画を公開

ゴールデンウィーク中の2000年5月4日深夜12時30分頃、茨城県牛久《うしく》市中央3丁目のスーパー駐車場で、交際中の女性（当時22歳）と一緒にいた牛久市岡見町の土木作業員・藤井大樹さん（同17歳）が男4人組に因縁を付けられ非常階段に連れ込まれた。女性が犯人の1人に拘束されている間、藤井さんはおよそ30分にわたり無抵抗のまま殴る蹴るの暴行を受け続け、所持金数千円を奪われる。藤井さんの顔は原型をとどめないほど膨れ上がり、意識不明のまま、9日後の5月13日に死亡した。

茨城県警竜ケ崎署は事件時に藤井さんと一緒にいた交際中の女性の目撃証言をもとに2人分の似顔絵を作成、報道機関に提供した。が、警察庁の判断で、犯人4人が少年である可能性が高いことからポスターなどの掲示は見送られることになる。その後の捜査で、4人とよく似た若者が事件の2時間前、現場近くのコンビニエンスストアに立ち寄っていたことがわかり、防犯カメラの映像をもとに4人の詳細な似顔絵を作成。しかし、前記の警察庁の判断があったため報道機関には提供しなかった。

事件から数ヶ月が経っても有力な手がかりが得られなかった同署は独自の判断で署のホームページに4人の似顔絵を掲載し、情報提供を呼びかけた。一方、藤井さんの両親は1ヶ月ほど前に飲食店で4人の似顔絵が張ってあるのを見つけたものの、その後署に問い合わせたところ

「少年法の規定で公開できないと剥がされてしまった、と返答があった。どうして公開できないのか不思議だ。ホームページが良くて、ポスターやビラが駄目な理由がわからない」と不満を表明する。

２００３年12月、警察庁は凶悪事件では少年でも例外的に写真や似顔絵、住所、氏名などの捜査資料を公開する運用基準を決定。翌年２００４年5月には正式に４人の似顔絵を公開したが、最も犯人逮捕につながる可能性が高い防犯カメラの映像が公開されたのは、事件から17年後の２０１７年5月。世間からは、茨城県警のあまりに遅い対応に非難が集中した。

２０２３年4月現在、40歳近くになっている犯人たちは誰一人捕まっていない。動画が公開され、顔も動きも広く認知されているはずなのに、なぜ解決に至らないのか。事件の裏に闇が広がっているのかもしれない。

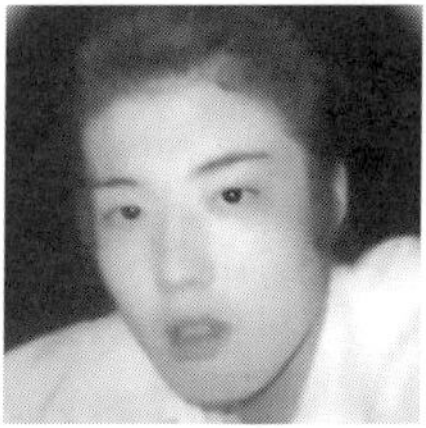

殺害された藤井大樹さん
（当時17歳）

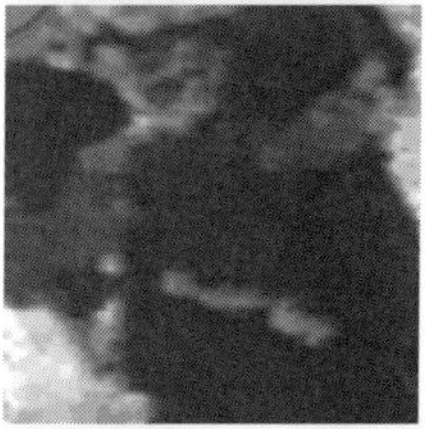

茨城県警が公開した犯人4人組
（コンビニ防犯カメラの映像より）

阪急南茨木駅前路上スーパー店員強盗殺人事件

開店準備中に、鋭利な刃物で左胸を一突き

２００１年5月1日午前8時10分頃、阪急京都線南茨木《みなみいばらき》駅前にあるスーパーマーケット「阪急共栄ストア南茨木店」（現阪急オアシス南茨木店）の東側路上で、同店勤務の矢野慎さん（当時33歳）が、倒れているのを別の店の従業員が発見。矢野さんは左胸を鋭利な刃物で一突きされており、出血多量で搬送先の病院で死亡した。凶器は見つかっておらず、店内に物色の痕跡などがあることから大阪府警捜査一課と茨木警察署は強盗殺人の疑いもあるとみて捜査を開始する。

この日、矢野さんは午前10時の開店準備のため、同店東側の商品搬入用出入り口付近の歩道で作業中だった。目撃者らの話では、犯人の男が店外にいた矢野さんの腕をつかんで激しく口論。振りほどいて店内に逃げ込もうとした矢野さんをさらに捕まえて歩道に引き戻し、いきなり刃物で刺して現場から逃走したという。

事件の直前、スーパーの入ったビル2階の事務所近くで、矢野さんがこの男に壁に押し付けられてる様子を別の従業員が目撃している。が、男の方から「おはようございます」と声をかけてきたので、この従業員は「出入り業者か」と思ったという。また、同一とみられる男と矢

野さんが、店から約50メートル南にある別のビル内にある従業員用更衣室付近の廊下を歩いている姿をスーパー店長が見ている。

このように多くの目撃情報がありながら、現在も犯人は逮捕されていない。犯人の特徴は身長165〜170センチ、紺色ジャンパーに黒色ズボン、白マスクでがっちり型、髪形は白髪まじりのオールバックで、年齢は30歳から50歳だったそうだ（かなり返り血を浴びている可能性がある）。大阪府警は似顔絵を作成、公開し、事件を捜査特別報奨金制度（公的懸賞金制度）の対象に指定。情報を広く募っている。

上　事件現場のスーパー（現阪急オアシス南茨木店）
下　目撃情報が多く、犯人の似顔絵は複数作成されている

兵庫県川西市男性刺殺事件

友人らと飲食店で別れた後、わずか4分後に起きた凶行

２００２年5月23日23時40分頃、兵庫県川西市栄根《さかね》の県道脇の路上で、塗装工の小瀬秋雄さん（当時30歳）がオートバイにまたがったまま、前のめりの格好でぐったりしているのを車で通りかかった会社員が発見した。全く動かない小瀬さんを不審に思った会社員が声をかけると、小瀬さんはそのまま無言で倒れ、搬送先の病院でまもなく死亡した。

小瀬さんは胸を鋭利な刃物で一ヶ所刺されていた。事件当時、オートバイのエンジンは停止していたがライトが付いており鍵も付いたまま。さらに、小瀬さんのポケットに入っていた数千円入りの財布も残っていたため、警察は物盗りの犯行ではないと考えたという。

後の調べで、小瀬さんは遺体で発見されるわずか4分前まで、友人らと川西市内の飲食店で友人らと一緒にいて「別の友人から尼崎に呼び出された」と言って店を出たそうだ。その後、被害に遭う直前まで別の友人と携帯電話で話していたことも判明。小瀬さんは電話で「川西市内で後輩が白い車に乗った男に殴られてけがをした。見つけたら連絡してほしい」などと話していたが、電話の途中で何者かに「おーい、ちょっと待て」と声をかけられるのを友人が聞いており、電話はその直後に切れたそうだ。また。現場近くの住人も「こら待て」といった複数の男の声やオートバイの発進音を聞いていたことがわかった。

警察が捜査を進めた結果、小瀬さんの腕に刃物を避けようとした際に出来る防御痕がなかっ

たことがわかった。つまり、小瀬さんは無抵抗のまま刺殺されたことになり、犯人と顔見知りだった可能性も浮上する。また、遺体発見時に小瀬さんがいた場所から、その手前30メートルの間に血痕が残されていたことから、小瀬さんは刺された後、自力でバイクにまたがって移動したものと推定された。

友人らと別れてから、わずか4分後に起きた凶行。さらに別の友人とは電話中だったということから、警察が、友人らが何かしら事情を知っているものと睨んだことは容易に想像できる。が、彼らが事件に関与していたかどうかはわかっていない。

小瀬さんは3人兄弟の次男。宝塚市内の塗装工事会社で働き一人で暮らしていたが、母親が作る弁当を受け取るため伊丹市の実家に立ち寄るのが日課で、事件当日の夕方も弁当の空箱をげた箱の上に置き「今日もおいしかったわ。ありがとー」と声をかけ家を出たそうだ。母親にとっては、玄関先で見送ったのが息子の最後の姿となった。

遺族は犯人逮捕につながる有力な情報に対し３００万円の謝礼金を設け手がかりを募っているが、２０２３年4月現在、事件は解決に至っていない。

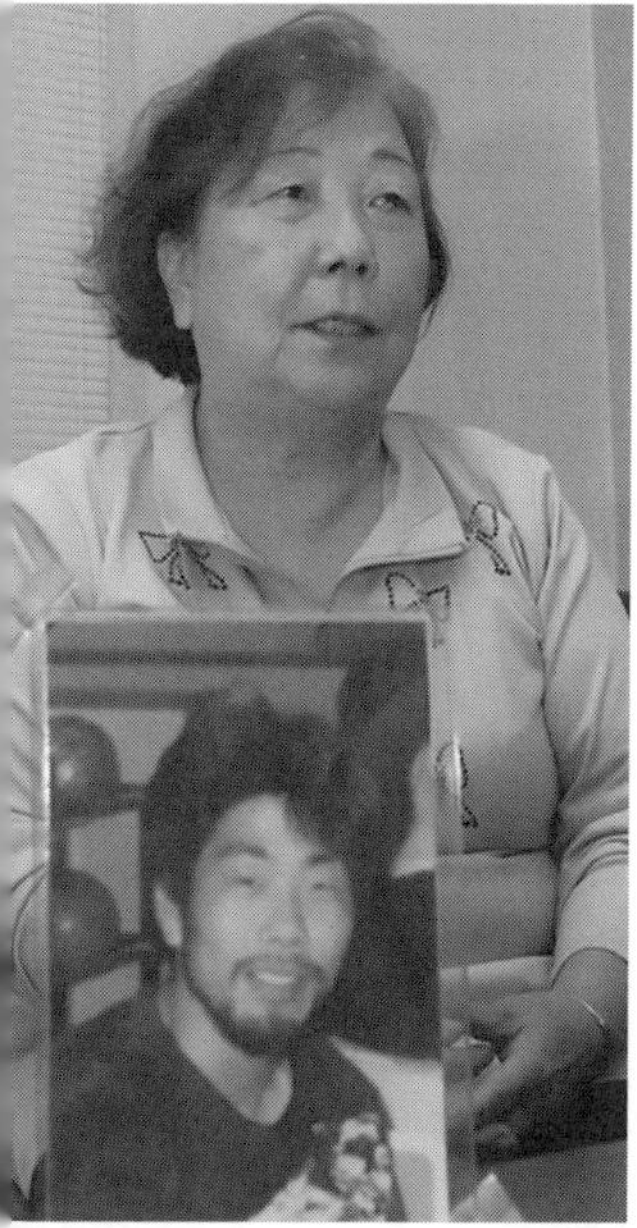

2021年5月、小瀬さんの写真を前に神戸新聞社の取材を受ける母親の盛山時枝さん（神戸新聞NEXTより）

東京都墨田区竪川第一公園内 殺人・死体遺棄・損壊事件

遺体の入っていたスポーツバッグを近所の店で購入した男と女

２００４年５月12日深夜１時10分頃、東京都墨田区江東橋４丁目の竪川《たてかわ》第一公園内の植え込みに、真新しいスポーツバッグが置かれているのを公園で寝泊まりしているホームレスの男性が見つけた。手に持ってみると異常に重く、中にはビニールに包まれた肉の塊のようなものが入っていたため、男性は不審に感じ付近を通りかかった巡回中の警察官に連絡。警察官が調べたところ、バッグの中に殺害されたとみられる男性の胴体部分が入っていた。警視庁捜査１課は殺人、死体損壊・遺棄事件と断定し、本所《ほんじょ》署に捜査本部を設置した。

調べによると、男性は20〜40代で、足と腕、首の付け根をそれぞれ鋭利な刃物で切断され、背中と胸などに５ヶ所の刺し傷があった。頭部と手足は、いまだに見つかっていない。被害者の血液型はＡＢ型で、黒っぽい男性用のブリーフ型の下着を付けていたという。遺体は東京都指定の半透明ごみ袋を３枚重ねにした状態で入れられて

事件現場の竪川第一公園。JR錦糸町駅の南側約400メートルに位置し、付近にはホテルや雑居ビルが建ち並んでいる

おり、バッグに詰められていた。発見当時は、死後1日から2日程度が経過していたとみられる。

また、バッグはナイロン製で、大きさ横60センチ、幅30センチ、高さ38センチ。警察の捜査により、事件の直前に現場付近の店で、2人の客が事件に使われたものと同型のバッグを別々に購入していることが判明し、警察はこの男女が事件に関与しているものとして似顔絵を公開したが、有力な情報は寄せられていない。また、被害男性の身元も不明のままである。

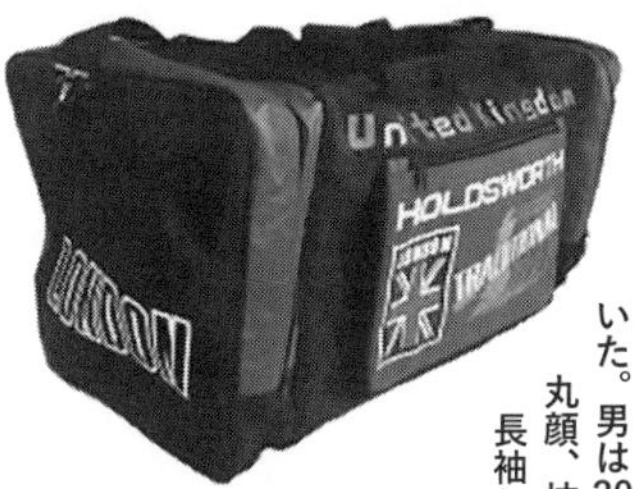

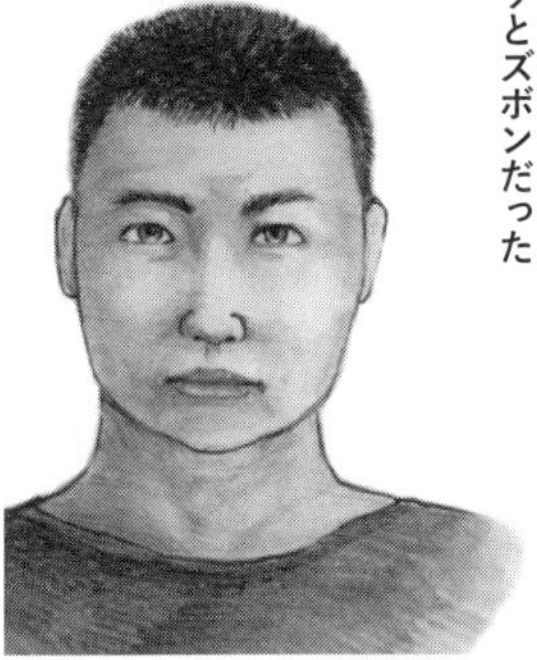

上　胴体が入っていたスポーツバッグ（同型のもの）
下　事件に関与したとみられる、バッグを購入した2人の似顔絵。女は20歳代くらい、身長155センチ程度の細めで、服装は長袖ブラウス、黒っぽいズボン、ヒールサンダル、ハンドバッグを所持していた。男は20～30歳くらい、身長170～180センチのガッチリ体型、丸顔、坊主に近い頭髪で、服装は黒っぽい長袖シャツとズボンだった

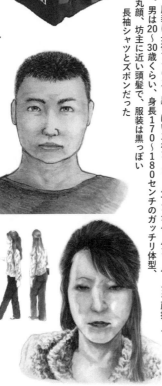

茨城県坂東市女子高生殺害事件

出頭したスリランカ人男性、白い車の女、18歳の元カレ

2004年6月20日午前6時50分頃、茨城県坂東市《ばんどう》（旧岩井市）長須《ながす》の市道脇の草むらで、平田恵里奈さん（当時16歳）がうつぶせに倒れているのを、車で通りがかった男性会社員が発見した。会社員は直ちに警察に通報したが、同日14時15分頃、恵里奈さんは搬送された病院で死亡する。司法解剖の結果、死因はひも状のもので首を絞められことによる窒息と判明。茨城県警は殺人事件と断定し、捜査を開始した。

被害者の恵里奈さんは同年4月に茨城県立岩井西高等学校（現在は廃校）に入学。問題なく通学していたが、事件前から連続して欠席するようになり、事件数日前に登校した際には、担任教諭に「家に居づらい」などと相談していたそうだ。恵里奈さんの自宅は父母の他、兄と、異父兄弟にあたる弟妹4人の計8人家族。近隣住民によれば、彼女は4人の幼い弟妹の面倒をよくみていたという。

恵里奈さんは事件の9日前に携帯電話を持ち始め、6月20日の事件当日も、未明に複数の相手に何回も電話をかけていた。事件直前に立ち寄った岩井市内のコンビニでもしきりに携帯電話を操作する姿が目撃されており、午前5時45分頃には自身の携帯から「お金をすられた」と110番に通報していた。

遺体発見時、被害者は青いTシャツに黒い半袖のジャケットを羽織り、ジーンズのハーフパ

ンツを着用していた。靴は履いていなかったが、靴下が汚れておらず、犯人は車で現場に連れてきて放置したとみられる。また首には、携帯電話などを吊り下げるストラップが巻き付いており、あざの形状からこのストラップで首を絞められたものと推察された。携帯電話は外されており、その後の捜査で現場から70キロ離れた茨城県那珂町付近で微弱な電波をキャッチされたものの、発見には至っていない。

恵里奈さんの事件当日の足取りは以下のとおりだ。

▽午前0時頃、1人でファミリーレストランに入店。後から店に来た女性の友人と食事。

▽午前1時36分　ファミレスを退店。店を出たところで恵里奈さんの携帯に別の友人から電話があり、公園で会う約束をする。公園に行く前に、ファミリーレストランの向かいにあるコンビニに立ち寄りプリペイド式携帯電話のカードを購入しようとするも、そのコンビニには置いていなかった。

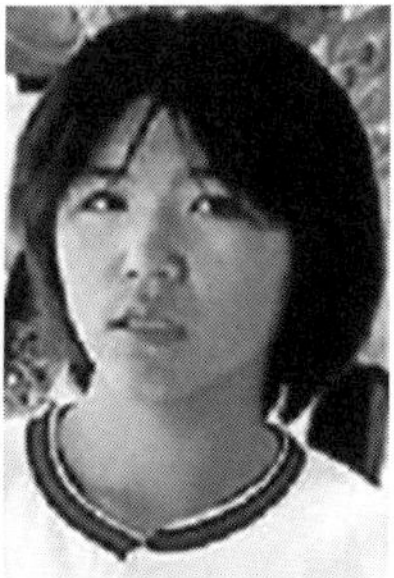
被害者の平田恵里奈さん

▽午前3時頃　公園で友人と2人で電話の相手を待つ。

▽午前4時頃　電話の相手が来なかったため、友人と別れる。

▽午前4時8分　コンビニに入り、おにぎり、缶コーヒー、キーホルダー型工具などを購入。

▽午前4時22分&42分　コンビニを出入り。

▽午前5時前　棚の前で携帯をいじっているのを店員に注意されコンビニを退店。

▽午前5時過ぎ　退店したコンビニから600メートル離れた別のコンビニ前に置いてあるベンチで寝そべっている姿を配送業者が目撃。恵里奈さんはトラックのライトが眩しいためか、手で顔を隠すような仕草をしていたという。ちなみに、このコンビニは午前6時開店のため、この時点で店は閉まっていた。
▽午前5時45分　若い女性が運転する白い軽自動車がコンビニの駐車場に駐車。恵里奈さんがその車に乗りこみ、どこかへ向かう姿が目撃される。
▽午前5時45分～48分　平田さんの携帯から3度、110番通報。1回目は無言で切れる。

2回目
恵里奈さん「お金をすられた」
警察「どこにいるの?」
恵里奈さん「岩井のコンビニ」
警察「どんな人にすられたかわかる?」
恵里奈さん「見覚えのある人。岩井署の連絡先を教えて」
警察「岩井署はないから」（ここで電話が切れる）
3回目

コンビニの防犯カメラが捉えた事件当日の恵里奈さん

警察が境《さかい》警察署（猿島《さしま》郡境町）に来るように伝えて、恵里奈さんが「はい」と答える。
▽午前6時頃　出勤してきた二店目の店員が平田さんの自転車を発見。自転車は施錠された状態で、前かごにはプリペイド式携帯電話のカードが入っていた。
▽午前6時10分頃　コンビニの隣に住む74歳の女性が、『バタバタ』と裏道を走る足音を聞く。
▽午前6時40分頃　岩井市（現坂東市）長須の市道脇の草むらで意識不明の状態で発見される。

遺体発見から2日後の6月22日、農業手伝いのスリランカ人男性（当時36歳）が事件の報道を見て雇い主らとともに境警察署に出頭した。この男性は恵里奈さんの交際相手で「携帯電話を買い与えたが、事件とは関係ない」と話したが、警察は男性が不法滞在者だったために入管難民法違反容疑で逮捕。事件との関与を疑ったものの、事件当日の恵里奈さんの通話先に含まれていないことがわかり、容疑者から外す。

怪しいのは、110番通報とほぼ同時刻に恵里奈さんと一緒にいたと思われる「白い車の女性」だ。実は事件前にも恵里奈さんは、この女性が運転する車から降りてくる姿を目撃されていたが、この人物が何者なのかわかっていない。また、この事件では当時18歳の元交際相手とされる男性（同18歳）も疑われている。男性は事件当日に会社を無断欠勤しており、また事件から2日後以降行方をくらませていた。が、恵里奈さんとは面識がないと語り、失踪についてもただの偶然であると事件への関与を否定した。

不可解な行動、怪しい人物、複数の目撃証言。事件は多くの手がかりを残しつつも、2023年4月現在も未解決のままである。

愛知県豊田市高1女子殺害事件

部活から自転車で帰宅途中の農道で起きた悲劇

2008年5月3日早朝、愛知県豊田市生駒《いこま》町の田んぼで、愛知教育大学附属高等学校（刈《かり》谷《や》市）1年生の清水愛美さん（当時15歳）の殺害遺体が見つかった。

事件前日の5月2日、愛美さんは夕方まで同校サッカー部のマネージャーとして部活動をしていた。校門付近で友人と別れ、自転車に乗り1人で帰宅したのが18時45分頃。本来なら19時には家に着くはずが戻らず、家族が携帯電話に何度電話しても応答がない。心配した家族は19時30分頃から周辺の捜索を開始したものの愛美さんの姿はどこにもなく、深夜12時頃、警察へ捜索願を提出する。

午前5時30分頃、警察が携帯電話会社に依頼した位置検索情報をもとに、一帯を捜索していた家族の知人が愛美さんの自宅から1キロほど離れた農道で彼女の遺体を発見する。仰向けの遺体には激しく争った跡があり、下着は持ち去られていた。首には黒いビニールテープが七重に巻かれ、口には白いタオルを押し込まれ、目と鼻を殴られた痕跡が。また、現場には倒れた自転車、脱げた靴、携帯電話、薄い水色のミニタオル、荷物などを縛るのに使う結束ベルトが残されていた。

遺体発見から約30分後の午前6時頃、愛美さんの通学用バッグが現場から15キロ離れた岡崎市稲熊《いなぐま》町の小呂《おろ》川の土手で散歩中の主婦により発見される。中には教科書、腕時計、電子辞書などが入っていたが、なぜか青のジャージだけが消えていた。

司法解剖の結果、犯行時刻は2日の19時頃から20時と推定され、死因は口を塞がれたうえで殴られ、鼻血が泡状になって気道を塞いだことによる窒息死と判明した。ちなみに、被害者が乱暴された形跡はなかった。

愛知県警捜査一課と管轄の豊田警察署は特別捜査本部を設置し、2021年5月までに延べ8万2千人の捜査員を動員したものの未だ犯人逮捕には至っていない。被害者を縛ったビニールテープなど現場の遺留品から犯人の指紋が発見されなかったこと（事前に手袋を用意していた可能性が高い）、現場が普段でも人通りが少なく有力な目撃情報が寄せられなかったことなどが捜査を難航させたようだ。果たして、事件解決の日は来るのだろうか。

被害に遭った清水愛美さん

2008年(平成20年) 5月2日発生
愛知県豊田市生駒町
女子高校生強盗殺人
捜査特別報奨金 事件
300万円
未解決事件
情報提供にご協力ください!
連絡先
豊田市生駒町地内における女子高校生強盗殺人事件 特別捜査本部
フリーダイヤル0120-400-538 愛知県豊田警察署 0565-35-0110

事件は警察庁の公的懸賞金制度が適用され、有力情報には300万円(上限)の捜査特別報奨金が支払われることになっている

琵琶湖バラバラ事殺人事件

遺体発見から10年後に身元特定。別のバラバラ殺人の犯人と知り合いだった事実も判明

２００８年5月17日、滋賀県近江八幡《おうみはちまん》市の琵琶湖の湖岸緑地である岡山園地で早朝から釣りをしていた男性が、漂流している人間の左足を発見し、１１０番に通報した。同日、捜査員が同湖で足の一部を発見、5月20日には東近江市の湖岸にて頭部が、翌21日には大津市の藤ノ木川河口にて左足首が、さらに6月22日と翌23日にかけて草津市の湖岸で両手首が見つかった。警察による鑑定の結果、全ての遺体のＤＮＡが一致したことから県警は同一人物と断定、死因が首を絞められたことによる窒息死と判明したことから、殺人・死体遺棄事件として捜査を開始した。

警察は被害者の身元を特定するため復顔法（頭蓋骨の形状をもとに、年齢や性別を加味して肉付けをする方法）を試み、似顔絵も公開し広く情報を募ったが、有力なものは寄せられなかった。それから10年が過ぎた２０１８年11月30日、県警捜査本部は、被害男性が同県野洲《やす》市永原《ながはら》、職業不詳の川本秀行さん（遺体発見当時39歳）だったと発表する。何でも、事件発覚以降の県内免許未更新者の中から所在不明者を探したところ、1、2年前に川本さんの存在が浮上。親族への聞き取りなどから、約１７０センチの身長や顔の特徴が一致し、最終的にＤＮＡ鑑定で身元特定に至ったという。

さらに、警察は有力な情報を掴む。川本さんが、草津市で２０１８年8月に男性の切断遺体

が見つかった事件で死体遺棄罪などで起訴された守山《もりやま》市古高《ふるたか》町の焼き肉店経営の被告の男（同68歳）と知人同士と判明したのだ。川本さんと同被告は草津市の建設現場で知り合い、事件前には同市の建設会社寮などで一緒に寝泊まりしており、2人の間にトラブルがあったという情報も得たという。ちなみに、同被告の自宅兼店舗からは人の骨片が見つかっているが、店舗の開店は事件発覚の2年後で、骨片が川本さんの遺体の可能性は低いという。果たして、この男が川本さんを殺害したのか。県警は2人の関係を慎重に調べていると報じられたが、その後、目立った発表はない。

報道によれば、滋賀県警はこれまでに延べ3万人以上の捜査員を動員。川本さんが2008年5月上旬頃まで生存し、2007年式の紺色のダイハツ工業の「ミラ」に乗っていたこと、湖南地域を拠点として生活していたこと、大津市堅田のパチンコ店に前出の被告男性と出入りしていたこと、犯人は車を使って遺体を遺棄した可能性が高いことなどが判明しているそうだ。捜査本部は報奨金を設け、現在も事件解決につながる情報を広く求めている。

川本秀行さん
の情報を求めています
被害者の
川本秀行さん
（当時39歳）
平成20年5月～6月
にびわ湖岸で発見
捜査特別報奨金
上限額
300万円
0748-32-0110
0120-32-0027

バラバラ遺体で発見された川本秀行さんの似顔絵

千葉港女性バラバラ死体遺棄事件

中年男性3人と同居していた被害者の奇妙な暮らし

２００８年7月11日、千葉港（千葉県千葉市中央区中央港）で釣りをしていた男性が、停泊していたタンカーと岸壁の間に浮かぶマネキンのようなものを見つけ、警察に通報した。現場に駆けつけた千葉県警の捜査員が引き上げると、それは無惨にも頭部や四肢を切断された女性の胴体だった。胴体に着衣はなく、胴回りにはロープが結びつけられ、その先には重しが付けられていた。

３日後の7月11日、胴体の発見場所から約３００メートル離れた海中で県警のダイバーが、ロープで１つに巻かれ、胴体と同じく重しを付けられた両脚を発見する。切断面の形状から、遺体は死後、ナタのような重量のある刃物で切られた可能性が高いことなどが判明（頭部と両腕は現在に至るまで未発見）。女性が殺害されたものとみて捜査本部を設けた県警は被害者の身元特定を急いだが、歯形や指紋などの決め手がなく、割り出しは難航した。

「最近、知り合いの女性の姿が見えない」

9月、県警に寄せられた男性からの情報をもとに県警がＤＮＡ鑑定を行った結果、切断遺体は千葉市稲毛区山王町の無職、金子真由美さん（同30歳）と判明する。彼女の生活は実に不可思議なものだった。家賃月約5万円の３ＤＫの一室で50～60代の派遣労働者たち3人と同居。しかし、知人（通報した男性）と呼べるのは１人だけで、他2人は部屋を分け合うだけの他人だった。

捜査本部の調べによれば、金子さんは千葉県市川市出身。20代半ば頃に家出をし、2003年8月頃、実兄が家出人捜索願を提出。2006年2月にいったん家に戻ったが、再び行方不明になり、各地を転々とした後、稲毛区のアパートに転がり込んだとみられている。近隣住民によると、金子さんは同居している男性が車で送り迎えをし、朝9時ぐらいに出かけて夜11時頃に帰宅していたという。さらに、周辺住民には、この部屋に出入りする別の複数の男性の姿や、場違いなベンツやロールスロイスなどの高級車がアパートに横付けされているのをたびたび目撃されていたそうだ。

県警が、事情を知っているものとみて、通報してきた知人男性に事情を聞いたところ、7月2日頃、この男性が金子さんを千葉市中央区内の路上に送り届けたのを最後にアパートには戻らず、同日夜には携帯が不通になり連絡が取れなくなったという。遺体発見はその9日後。いかにも怪しいが、後の警察の調べで、この知人男性も、他に同居していた男性2人も事件とは無関係なことがわかっている。

いったい、金子さんはどんな暮らしをして、誰にバラバラにされたのか。ネットでは彼女が不特定多数の男性と関係を持つ風俗嬢で、金銭上のトラブルから殺されたとする推察もあるが、真相は定かではない。

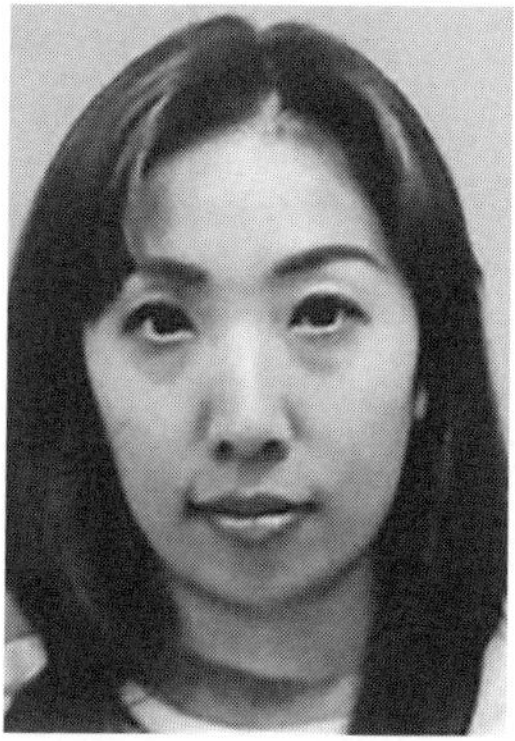

切断遺体で見つかった金子真由美さん

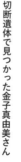

福岡女性会社員バラバラ殺人事件

失踪前、被害者を車で連れ出した人物は？

能古島《のこのしま》は福岡県福岡市の中心部から、フェリーで10分程度で行ける博多湾に浮かぶ小島である。サクラ、コスモス、スイセンなど花の名所として知られるこの観光地の海岸で、２０１０年３月15日15時頃、足のつけ根部分からヘソ付近までしかない女性の切断死体が、アサリを採取中の地元住民によって発見された。後に福岡競艇場で腕が、福岡市内の埠頭で胴体と頭部が見つかった遺体の身元は、同県筑紫野市内の医薬品卸会社に勤務していた諸賀礼子さん（当時32歳）。事件発覚９日前から行方がわからなくなっていた福岡市博多区在住の女性だった。

彼女は同月５日19時頃、勤務先を退社。翌６日は土曜日で、同じ会社の社員や取引先とのゴルフコンペに参加する予定だった。が、当日、集合場所に姿を見せず、電話にも出ないため、同僚の男性社員が自宅アパートを訪ねたところ、玄関が施錠され返事もなかったという。

７日になっても連絡がつかないため、会社が警察に届け出て、アパートの室内が調べられたものの、私用の携帯電話がなくなっていた以外に不審な点は一切ない。ただ、聞き込みにより、諸賀さんが行方不明になる2、３日前、彼女の住むアパートの入口や通路で男女が言い争っており、男が「恐れるものがないくらい好きだ」「おまえを殺すこともできる」などと大声で発していたのを、近所の住人が聞いていたことが判明。また６日の深夜、１人の男が、ふらふらになった諸賀さんらしき女性を連れ出し、車に乗せ走り去ったとの目撃証言も得られた。

下腹部のみの切断遺体が見つかった能古島と、後の発見場所（画像はシェアチューブより）

バラバラ遺体の身元が諸賀さんとわかった後、福岡県警は失踪前にアパートで目撃された男性が事件に関与しているものと推察し、彼女の異性関係を徹底的に調べた。が、以前、社内に交際していた男性がいた程度で、特に不審な人物は浮上しない。どころか、諸賀さんはいたって真面目で、勤務先では〝頼れる姉御〟として評判は上々だった。

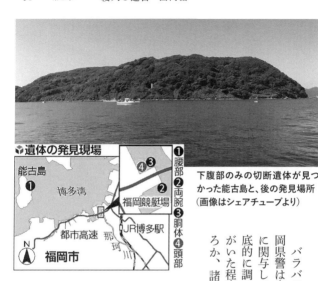

しかし、警察は諸賀さんが失踪した後、彼女のパソコンから会員制サイト「ミクシィ」にアクセスした記録があることを把握。同時に、ミクシィの日記に、事件が起きる前年の2009年11月、福岡市内で起こした接触事故について記していたことを突き止める。以下、その要約である。

〈厄女　2009年12月26日。実は先月、会社からの帰りに交差点内で私は直進で、相手は右折対向でバイクと事故をしました。お互いに少し言い分が違うということで第三者事故調査機関に入ってもらい、また最終的に相手が診断書を提出したらしく物損から人身に変わり、誕生日の日に博多警察署へ出頭。私は被害者扱いの事情聴取。その後、第三者調査機関の公平な判断割合も私が15％で向こうが85％。（中略）警察も第三者調査機関も相手の方が加害者で私が被害者の結果になってるから、そこを理解してすんなり話が進めばいいけど、今週の月曜に家の門前にチャリで本人らしき人がうろついてるのを見たから、月曜はいろんな人を巻き込んで帰りが遅くなってしまい、その後もかなり警戒して帰ってきてます〉

〈今年は…２０１０年1月3日。突然です！　休みを狙ってでしょう、大晦日に10回の着信。元旦に7回の着信。そのうち5回がワンギリです！　昨日は3回がワンギリ着信。今日は2回のワンギリ着信。妹から、着信があったら電話をとって話をしなけりゃ通話料金が相手にかかるんやから、やり返せなぁ～んて言われましたが、私にも我慢の限界ありますが、ここでもう少し我慢します〉

警察は、この衝突相手の男性が事件に関わっている可能性があるとみて事情を聞いたが、「事故後に電話はしているが、諸賀さんの家までは知らない」と証言。何より、この男性が遺体を運搬する際に不可欠な車を所有しておらず、レンタカーの利用や友人から車を借り受けた事実がなかったことから、捜査線上から外す。ちなみに、この男性は事件から4年後の２０１４年2月、諸賀さんとの交通事故の示談書1通を偽造したとして、有印私文書偽造・行使の疑いで逮捕されている。

メディアが重要参考人浮上として報じたのは、遺体発見から1ヶ月半が過ぎた2010年4月28日のこと。生前諸賀さんが身につけていた時計を質屋で換金した福岡市内の30代の男性が窃盗容疑で逮捕されたのだ。しかし、この男は、「時計は別の質屋で拾ったもの」と供述。その後の調べで、諸賀さんと接点がないことも判明した。

いったい諸賀さんは、なぜ、誰に殺され、遺体を切断、遺棄されたのか。福岡県警は犯人逮捕につながる情報提供者に最高300万円の懸賞金を支払う「捜査特別報奨金」を設けるとともに、これまで数千人の捜査員を動員してきたが、未だ容疑者特定には至っていない。

被害者の諸賀礼子さんと葬儀の様子

三重県松阪市男性死体遺棄事件

実家から勤務先の寮に戻る途中、何者かにひき逃げされた可能性大

２０１１年11月20日、三重県津市の鉄筋工で、同県松阪市内の従業員寮に住む一瀬敦さん（当時32歳）が、帰省先の神戸市垂水区の実家を出た後、行方不明となった。一瀬さんは同日18時頃、実家を後にし向かったＪＲ垂水《たるみ》駅で「これから寮に戻る」と携帯電話で勤務先に伝えていたが、そのまま戻らなかったため会社が家族に連絡。一瀬さんの家族は兵庫県警垂水署に捜索願を提出し、携帯電話のＧＰＳ機能を使った捜索を要望したが、兵庫県警は、家族から６回捜査の依頼があったにもかかわらず「緊急性が見当たらない」として事件性を認めず特別な捜査は行わなかったという。

失踪から４ヶ月後の２０２１年３月11日、国道３６８号から約５メートル入った松阪市飯南《いいなん》町上仁柿《かみにがき》の山林でうつぶせで裸足の男性の遺体が発見される。現場で見つかった携帯電話などから、三重県警は遺体の身元を捜索願が出ていた一瀬さんと特定。その後、現場から約20キロ離れた、近鉄伊勢中川駅に近い同市嬉野新屋庄《うれしのにわのしょうちょう》町の県道沿いで一瀬さんが所有していたとみられる漫画本やドライヤー、自動車部品の一部が発見されたこと、司法解剖の結果、死因は外傷性脳障害で、死後３～４ヶ月が経過していること、一瀬さんが頭蓋骨を骨折していた他、背中や腰などに複数の打撲痕があったものの山林で転んでできる程度の打撲痕ではなく、さらには裸足で山道を歩くことも考えにくいこと、一瀬さんがおとなしい人柄でトラブルなどもなかっ

たことなどから、警察は被害者が伊勢中川駅から徒歩で寮に帰る途中、県道で何者かに車ではねられ死体を山林に遺棄されたものとして捜査を開始する。ちなみに遺棄現場にほど近い国道は、車1台がやっと通れるくらいの幅。平日はほとんど車が通らず、夜間はさらに交通量が少なくなるが、週末は一転してバイクが頻繁に通る場所だったという。

　三重県警はこれまで、一瀬さんの兄の証言から、事件当日、被害者が着用していたとみられる黒のダウンジャケットを割り出し、同種品の写真を掲載したチラシを伊勢中川駅周辺で配布。情報提供を募るなど捜査を続けてきたが、現在もなお事件は未解決のままだ。

　2021年10月8日配信の「読売新聞オンライン」によれば、すでに道路交通法違反（ひき逃げ）と死体遺棄は公訴時効が成立しているものの、同県警は容疑を自動車運転死傷行為処罰法違反（過失運転致死、時効10年）から保護責任者遺棄致死（同20年）に変更し、捜査を継続しているそうだ。

右　被害者の一瀬敦さん
左　2019年、情報提供を呼びかける遺族の様子を報じる新聞紙面

松阪ひき逃げ遺体遺棄
事件8年目、忘れないで
犯人の情報
遺族ら求める

千葉県習志野市茜浜女性殺害事件

中国籍の男が逮捕されるも嫌疑不十分で釈放

２０１３年6月24日午前10時40分頃、千葉県習志野市茜浜《あかねはま》の遊歩道と緑地帯を仕切る高さおよそ１・５メートルの生け垣の奥の茂みで、女性があおむけに倒れて死亡しているのを男性清掃員が発見し、１１０番通報した。司法解剖の結果、被害者の首に圧迫された痕や激しく争った形跡もあったことから同県警は殺人事件と断定、習志野警察署に捜査本部を設置する。

その後、被害者の所持品などから、遺体の身元は近隣のマンションに住む女性派遣会社員、廣畠かをりさん（当時47歳）であることがわかった。廣畠さんは前日の23日昼、自宅マンションの行事に参加。21時過ぎに自宅近くを現場方向に歩く姿が防犯カメラで確認されている。向かった先は、勤務先である船橋市の食品加工工場だ。しかし、始業時間の22時になっても職場に姿を現さず、同僚が携帯電話に連絡しても不通。21時30分頃、現場付近の複数の住民が女性の悲鳴のような声を聞いているため、その時間帯に茂みに引きずりこまれ、被害に遭ったと思われる。現場には被害者の所持品が散乱しており、すぐ近くに投げ捨てられていた財布から小銭も含めて全ての現金が抜き取られていたことから、警察は被害者と面識のない人物による金銭目的の犯行と見たて捜査を進めたが、現場は人通りが少ない遊歩道で、街灯などはなかった上に草木が生い茂っていて見通しも悪く、さらに事件の発生時間帯が夜であったため有力な目撃情報は皆無に等しかった。

　捜査が難航するなか、2014年2月には警察庁が設ける捜査特別報奨金制度の対象事件に指定され、事件解決に繋がる情報を提供した者には300万円の懸賞金が支払われることとなった。それでも事件解決の糸口は見つからず、迷宮入りの様相を呈し始めた2016年3月3日、警察は別の窃盗事件で府中刑務所に服役していた当時50歳の中国籍の男が本事件に関与した可能性が高まったとして、男の出所当日に殺人容疑で逮捕する。県警の発表では、周辺の防犯カメラの画像の解析や遺留物の分析などを続けてきた過程でこの男が浮上。また、被害者の体に付着していた微量のDNA型が男のDNAと一致したため、逮捕に踏み切ったという。男は事件当時現場近隣に住んでいたが、被害者女性とは面識はなかったそうだ。

遺体発見現場を調べる千葉県警の捜査員

　延べ5万6千人の捜査員が導入された本事件は、こうして決着したかに思われた。しかし、同月24日、千葉地方検察庁は男を処分保留で釈放するとともに、在留資格が切れているとして身柄を東京入国管理局に引き渡した（中国に強制退去）。同地検は処分保留の理由について「起訴に至るまでの証拠が集まらなかった」と、6月には嫌疑不十分で正式に男を不起訴処分とする。なんとも納得しがたい結末だが、事件は現在も未解決扱いで、捜査は継続中である。

つくば市老夫婦殺害事件
義母とそりが合わなかった長男に疑いの目が

2018年1月1日16時35分頃、茨城県つくば市東平塚の建築業、小林孝一さん（当時77歳）と妻の揚子さん（同67歳）の遺体が自宅2階で見つかった。孝一さんは後頭部に数ヶ所、揚子さんは頭部から顔面にかけて十数ヶ所、平らな鈍器のようなもので殴られた痕があり、死因は2人とも失血死だった。

殺人事件と断定した茨城県警はつくば中央署に捜査本部を設置。聞き込み調査を行ったところ、小林さん夫婦は12月30日19時30分頃、近所のスーパーから帰宅。翌31日午前7時頃に揚子さんの友人が小林さん宅を訪れた際は応答がなかったことが判明し、このことから翌1日の午前7時までの12時間に何者かに殺害されたものと推定した。また、2階ベランダの手すりに血痕が付着していたため、犯人が2人を殺害後、ベランダの柵を乗り越えて逃走した可能性が高いこともわかった。

現場に荒らされた形跡がないことや、夫婦が繰り返し殴打されていることから、警察は夫婦に恨みを持つ人物による犯行の可能性が高いとみて交友関係などを徹底的に調べた。朝日新聞の報道によれば、疑いの目は夫婦とは別に暮らす長男にも向けられたという。長男は事件の起きた1月1日、自宅で1人で日本酒を飲んでいたとき、訪れた警察官から2人の死を聞かされた。長男は2日後、父の遺体と対面、変わり果てた姿を目の当たりにし、悲しみと怒りでいっぱいになったそうだ。父は生前、溶接や電気工事、内装までを1人でこなし、事件現場となった自宅も自らが建てた憧れの存在だったという。

一方、義母となる揚子さんとは、そりが合わなかった。孝一さんの所有物を揚子さんが売ろうとしたことなどがあり、口論になることがしばしばあったそうだ。このことから、揚子さんとの不仲を知る知人から「(犯人は)おまえじゃなかったの?」と言われたり、捜査員からは携帯電話のデータを消さないよう命じられ、連日、事件前後の行動について取り調べを受けたこともあったそうだ。

長男はもちろん犯行を否認。どころか、事件から3年後の2021年1月には遺族らで作る団体による懸賞金100万円を設け、情報収集を募った。県警は同時期までに延べ約1万2千人の捜査員を導入。事件解決に努めてきたが、未だ犯人逮捕には至っていない。


夫婦の殺害遺体が見つかったつくば市東平塚の住宅

名古屋市中川区パチンコ機器製造メーカー社長殺害事件

遺体の入っていたスポーツバッグを近所の店で購入した男と女

愛知県名古屋市中川区に本社を置くパチンコ機器製造メーカー「高尾《たかお》」の代表取締役社長、内ヶ島正規さんが2018年10月25日朝、殺害遺体で発見された。同社長は前日24日夜、飲み会に参加し1人で会社へ帰宅後、何者かに襲われたようで、社屋から遺体が見つかった同社の車庫まで10メートル近くにわたり大量の血痕が残されていた。また、遺体に抵抗した際にできる防御創が複数あったことから犯人と激しく揉み合ったとみられ、首の静脈と動脈の両方を切られ、遺体のそばには凶器とみられる刃物が落ちていた。

殺人事件として捜査を開始した愛知県警は、周辺の防犯カメラに会社内のフェンスを乗り越え敷地内を歩き回る不審な人物が写っているのを把握。現場の痕跡などから犯人は車庫付近で内ヶ島社長を殺害後、東側のフェンスを乗り越え北側へ、そして別の会社のフェンスを乗り越え北東へ逃走した可能性があると推定した。ちなみに、殺害現場となった車庫は会社のビルから離れた倉庫のようなセキュリティシステムが敷かれた建物で、ここが社長専用車庫だとは知らない従業員もいたという。つまり、犯人はこうした会社の内部事情に精通していた人物ということになる。

殺害された内ヶ島正規さん（事件当時39歳）と、犯行現場の「高尾」本社ビル倉庫周辺を調べる愛知県警の捜査員

内ヶ島さんが社長を務めていた「高尾」は１９５０年に創業した同族経営のパチンコ機器メーカーで、内ヶ島さんは3代目。２０１６年に社長となってから業績を伸ばし、事件当時は全国13ヶ所に支店を置き従業員は約２２０人、年商２００億円を売り上げ、業界12位の地位にあった。

しかし、内ヶ島社長の周辺では事件前から様々な黒い噂が渦巻いていた。「高尾」では２０１８年、ギャンブルがテーマの漫画『賭博黙示録カイジ』を題材としたパチンコ台を製造し、全国のパチンコ店に納入していたが、玉の出方が設計と違ったことなどから、性能を巡りパチンコ店とトラブルになり補償問題にまで発展していた。また、同社では以前、男性幹部２人が取引先のパチンコ部品メーカーと契約する見返りにバックマージンとして現金を受け取っていたことが発覚。彼らは退職に追い込まれたものの、他にも事件前の半年で10人の従業員が会社を去っており、内ヶ島社長との間に何らかのトラブルがあったのではないかとも噂されていた。

極めつけは、事件の前年の2017年4月、フィリピンの首都マニラで起きた襲撃事件だ。内ヶ島社長が、パチンコ関連事業の視察目的で知り合いのパチンコ部品会社の社長と現地を訪れていた際、車で移動中にバイクに乗った2人組に銃撃されたのだ。この事件で、同行の部品会社の社長が死亡。内ヶ島社長に怪我はなかったものの、地元メディアは銃痕の位置から、犯人が本当に狙ったのは内ヶ島社長だったのではないかと報じた。

この他にも遺産相続の問題や、自宅が窃盗被害に遭うなど内ヶ島社長の周辺では数々のトラブルが発生している。内ヶ島社長が周囲から恨みを買っており、それが動機で殺害された可能性

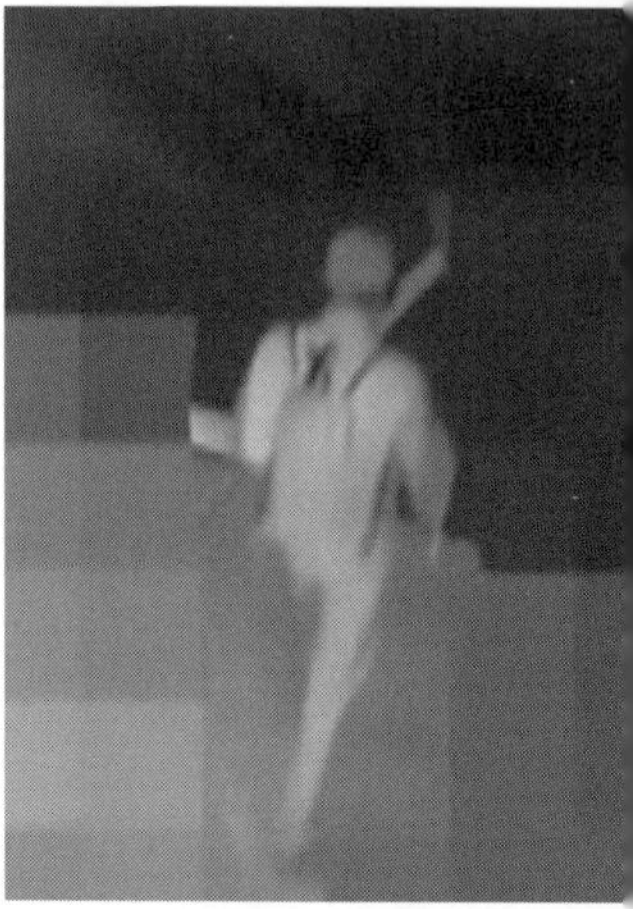

防犯カメラが捉えた犯人の姿

性は高い。

犯罪心理に詳しい東京未来大学の出口保行教授は防犯カメラの映像を見て、次のように分析している。犯人は、タバコを持った腕を大きく振りながら目的地に向かっており、これから殺人を犯すという緊張感が全く感じられない。服装も目立たないような普段着。こうしたことから、犯人に怨恨とか憤怒などの感情はなく、誰かに依頼されて淡々と目的を果たしているのではないか。つまり、この事件はヒットマンによる犯行ではないか——。

この推理が正しければ、ヒットマンを雇い殺人教唆を行った人物が他にいることになる。果たして、内ヶ島社長の殺害を企て、それを実行した人物は誰か。愛知県警捜査本部は引き続き、逃げた犯人の行方を追うとともに、事件の背景を慎重に探っているが、未だ事件解決の発表はない。

内ヶ島社長は事件前年の2017年4月、フィリピン・マニラでバイクに乗った2人組に襲撃されていた。こちらの事件も未解決（中京テレビの映像より）

おととし4月 フィリピン・マニラ
車で移動中 オートバイの2人組の男に銃撃される

第2章

殺人の迷宮

海外編

イシドール・フィンク殺害事件

密室で起きた凶行。動機も脱出方法も一切不明

世界大恐慌が始まった1929年3月9日、アメリカ・ニューヨーク州のハーレムでクリーニング屋を営む男性イシドール・フィンク（当時30歳）が自宅アパートで殺害された。

当日22時30分頃、フィンクの隣人が隣の部屋で争うような音を聞き駆けつけた。が、ドアや窓が内側からロックされており、中に入れない。そこで隣人は警察に通報。現場に到着した警察官が正面ドアの上の明かり採り窓の蝶番《ちょうつがい》が壊れて開いていたことに気づき、小さな男の子をこの窓から中へ入らせ内側から鍵を開けさせたところ、部屋の中で左手を1発、胸を2発撃たれ息絶えていたフィンクの死体が発見される。遺体の状況から、至近距離から撃たれ即死だったことは明らかだった。

事件は謎に包まれていた。現場はニューヨークでも治安の悪いところで、フィンクは強盗を怖れ、常にドアにも窓にも鍵をかけていた。この日も例外ではない。また、フィンクは真面目な商売人で恨まれる動機も皆無。では物取り目的による犯行かといえば、店の金も含め全て手つかずのまま。さらに、いくら探しても凶器や空の薬莢《やっきょう》が見つからない。部屋はまったく整然としていて、荒らされた様子は一切なかった。

この界隈ではギャングが小さな店からみかじめ料を強要することは日常茶飯事だったが、フィンクが金を強要されていた証拠は見つからず、ギャングにつきまとわれているのを見たとい

う者もいなかった。現場に銃がなかったことから自殺もありえない。ドアや窓は全てロックされ、唯一、開いていた明かり採り窓は小さすぎて大人にはとても通り抜けることはできない。現場に残されていた指紋も全てフィンクのものばかりだった。

警察の懸命な捜査にもかかわらず、結局、事件は解決せず迷宮入りとなる。いったい、犯人は何が目的でフィンクを殺し、密室とも呼べる部屋からどのように脱出したのか。謎多きこの事件は、アメリカ初の完全犯罪として今も語り継がれているそうだ。

殺害されたフィンク（上）と、彼が住んでいたニューヨーク・ハーレムの自宅アパートの入り口

プレジデントホテル1046号室殺人事件

身元不明の被害者、部屋に残された別人物の指紋、謎の匿名電話

1935年1月2日、米ミズーリ州カンザスシティにあるプレジデントホテルに1人の男が訪れた。宿泊台帳に記された男の名前はローランド・T・オーウェンで、住所はロサンゼルス。上質な黒いオーバーコートを羽織った男の頭には目立つ傷跡があり、大柄の体格だった。

オーウェンはフロントで外の通りに面していない部屋を希望し宿代を前払いし、1046号室にチェックインする。ほどなく客室係の女性が同部屋を訪ねると、明かりのついてない薄暗い室内の椅子にオーウェンが座り、ひどく怯えていた。そして、用事を済ませ部屋を出ようとした客室係に「後で友達が来る予定だから、部屋のドアは鍵を開けておいてほしい」と頼んだそうだ。

翌朝、客室係が1046号室を訪ねた際も、オーウェンは昨日と同じように薄暗い中で椅子に座っていた。と、部屋の電話が鳴り、オーウェンが受話器を取る。

「違うんだドン、俺は何も食べたくない。朝食を食べたばかりで腹は減ってないんだ」

客室係の女性は、電話で話す、こんなオーウェンの言葉を記憶しているという。

その日の夜、彼女がオーウェンの部屋へ新しいタオルを持っていくと、室内から男2人の言い争う声が聞こえてきた。客室係がドアの外から呼びかけたところ「何も必要なものはないから帰ってくれ」と怒鳴り声が返ってきた。彼女は言われたとおり、そのまま部屋の前から引き

返した。

翌１月４日朝、ホテルの受付が１０４６号室へ内線電話をかけ、受話器が外れていることに気づいた。スタッフが確認に行くと、中から「部屋に入ってきて明かりをつけてくれ」との声が。しかし、ドアはロックされており、スタッフがノックを続けても返答がない。スタッフは仕方なく「受話器をもとに戻してください」と声をかけ引き返した。

その後も受話器は外れたままで、別のスタッフが１０４６号室の鍵を開けて中に入る。オーウェンは裸のまま床に寝転がっていた。スタッフは彼が泥酔しているのだと思い、受話器をもとに戻して部屋を出た。ところが１時間後、またもオーウェンの部屋の受話器が外れていることにスタッフが気づき、再び１０４６号室へ向かったところ、ドアに「入室禁止」の札がかけられていた。ノックするも返事はなし。中に入ったスタッフは、そこで床の血溜まりの中に横たわるオー

事件当時のプレジデントホテルと、犯行現場の1046号室

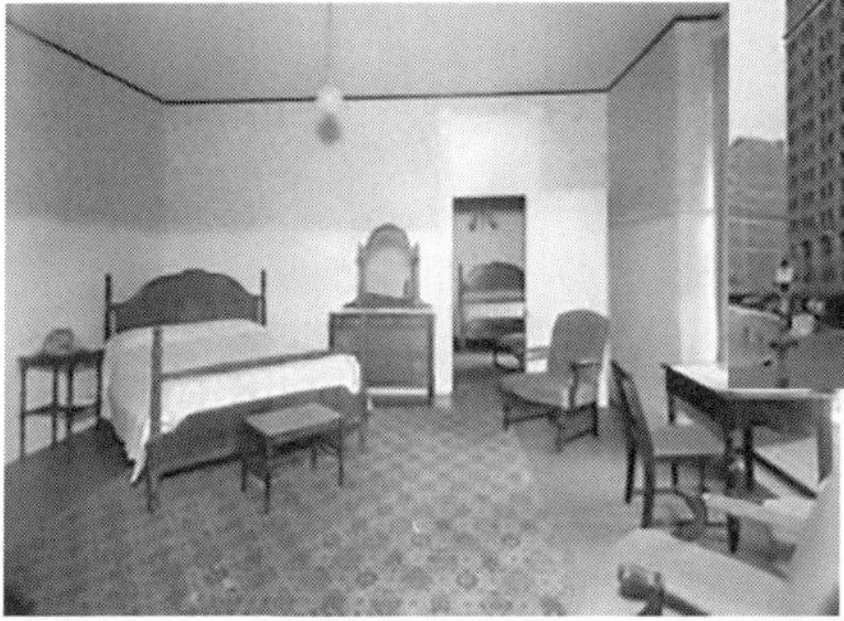

ウェンの姿を発見する。

　数分後、通報を受けた警察がホテルに到着したとき、オーウェンは息をしていたものの、瀕死の状態だった。刃物で胸を何ヶ所も刺され、頭蓋骨は陥没、手首や足、首には何かで縛られた痕が残っていた。いったい何があったのか。尋ねる警察にオーウェンはかろうじて答えた。

「何でもない。自分で浴槽にぶつかっただけだ」

　彼が搬送先の病院で息を引き取ったのは、それからまもなくのことだ。


　捜査は難航した。警察が被害者の身元を確認したところ、ロサンゼルスに住むローランド・T・オーウェンなる人物は実在しないことが判明。すぐに似顔絵が作られ広く情報を募ったものの、身元特定につながるものは皆無だった。また１０４６室の部屋のランプに客室係の女性ではない別の指紋が付着していたことから、客室係がオーウェンと争っていた様子の男の声の持ち主、もしくはオーウェンに電話をかけてきたと思

事件を報じる新聞

The Mystery of Room No.1046
No Detective Thriller Is Any Stranger Than the Torture Slaying of an Unknown Man in the Big Kansas City Hotel, and the Various Bewildering Circumstances Which Surrounded the Strange Crime

警察が公開した被害者の似顔絵

われる「ドン」という名の人物が事件に関与しているものとみて捜索したが、全く成果は得られなかった。

謎の男オーウェンの遺体が無縁墓地に埋葬されることになったとき、匿名の男性から警察に電話がかかってきた。

「死んだのは自分の義理の兄弟だ。葬儀の費用は自分が払う」

こう言って一方的に電話は切られ、その後、葬儀費用として新聞紙にくるまれた多額の現金が警察に届けられた。また、埋葬当日には13本の花と「永遠の愛 ルイーズ」と書かれたメッセージカードが送られてくるなど、不可解な出来事が頻発する。が、警察の捜査は行き詰まり、被害者も被疑者も謎のまま事件は暗礁に乗り上げる。

1年後の1936年、ある女性が事件に関する雑誌の記事を読み「被害者の男性は、行方不明になった友人の子供、アルテムス・オグレトリーに似ている」と警察へ情報を寄せた。さっそく警察がアルテムスの母親に確認したところ、殺されたのは自分の実の息子に間違いないと断言したという。しかし、結局、事件は解明されないまま迷宮入り。真相は闇に葬られた。

シャーク・アーム事件
水族館で飼育されていたサメの口から人間の腕が

1935年4月25日、オーストラリア・シドニーのクージー水族館で衝撃的な事件が起きた。海で捕獲され観光の目玉として8日前の4月17日から同水族館で飼育されていた全長4メートル、体重1トンのイタチザメが突然、激しく体を震わせ口の中から出した吐瀉物の塊から人間の腕が見つかったのだ。

普通に考えれば、腕の持ち主はサメの餌食になったのだろう。しかし、司法解剖を担当した検視官は意外な結論を出す。腕はサメに食いちぎられたのではなく、鋭利なナイフで切り取られたものだ、と。つまり、腕の持ち主は殺されたものと断定したのである。

やがて、遺体の腕に彫られたタトゥーと指紋から被害者の身元が特定される。ジェイムス・スミス（当時40歳）。地元でビリヤードバーを営む、前科者の元ボクサーだった。スミスの妻によれば、夫は4月8日に釣りに出かけたまま行方不明だという。さっそく警察がスミスが釣りに利用していたという海辺の小屋を捜索すると、マットレスとブリキのトランク、ロープ1巻がなくなっていることがわかった。

さらにスミスの身辺を調査した結果、彼がパースファインダー号という小型船の用心棒をしており、この船の持ち主が以前から麻薬密売の関与を疑われていたレジナルド・ホームズであること、パースファインダー号が最近沈没していたことが判明。こうした状況から、警察は、スミスが麻薬の密売を巡る裏社会の抗争に巻き込まれ殺害された後、トランクに押し込まれたものの、片腕だけがはみ出したため犯人は仕方なく腕を切断し海に遺棄、それをサメが胃袋に納めたものと推定する。

重要容疑者として警察の取り調べを受けたホームズは犯行を全面否定し、商売敵であるパトリック・ブレイディなる人物の関与をほのめかした。警察はブレイディを別件で逮捕したが、この後、事件は予想外の展開を見せる。ホームズが自分の車の中で何者かに腹と下腹部を撃たれ死亡したのだ。そして、警察・検察はなぜかそれまでの意見を翻し、スミスがまだ生きているものと主張。胴体が見つかっていない以上、彼が死亡したとは認められないというのだ。

指紋が一致しているにもかかわらず、捜査はまた振り出しに戻り、そのまま未解決となる。事件の背後で司法を巻き込んだ何かしらの裏工作が働いていた可能性は高い。

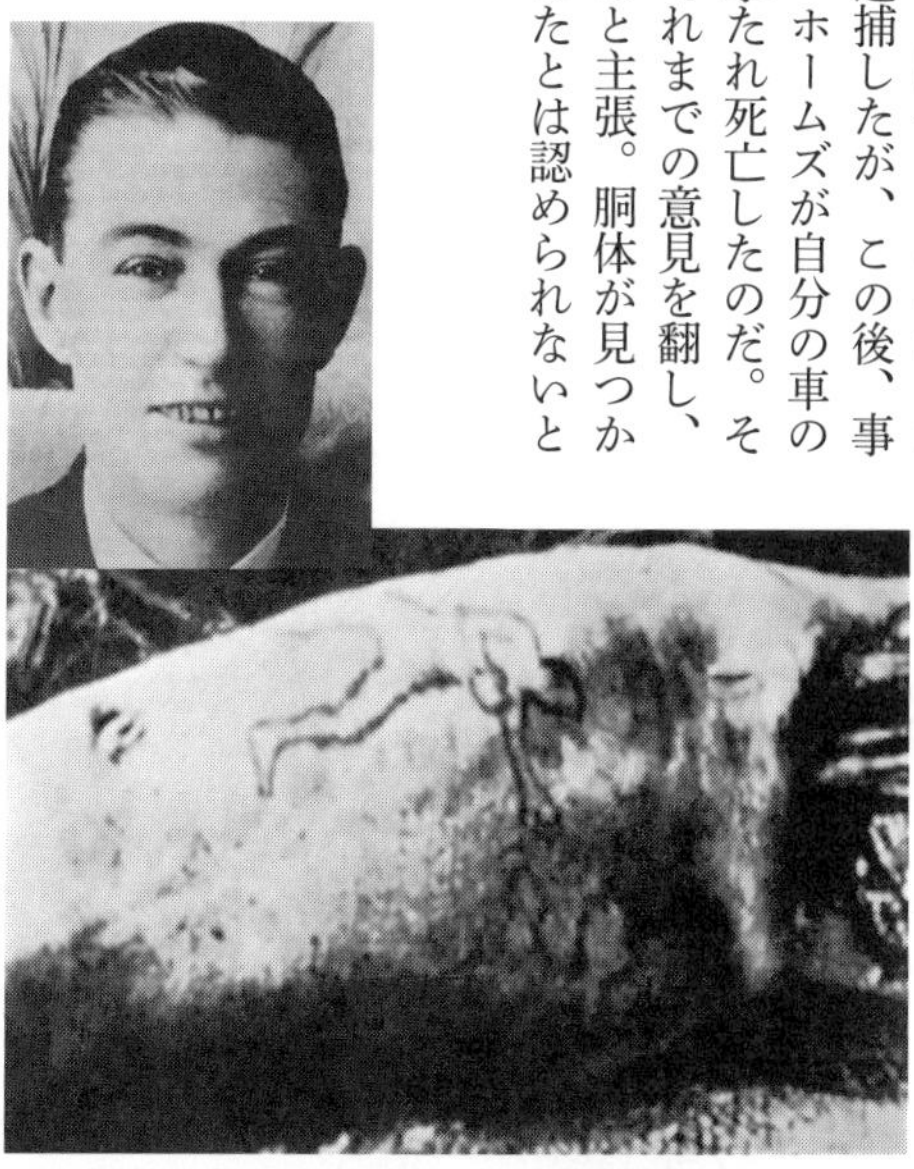

被害者ジェイムス・スミス（上）と、サメの吐瀉物から見つかった彼の腕。特徴的なタトゥーに見覚えのあったスミスの弟が警察に通報したことが身元特定につながった

ブラック・ダリア事件

女優志願の美女が胴体を真二つにされた恐怖のミステリー

終戦から2年後の1947年1月15日、米ロサンゼルス郊外の空き地で、腰からきれいに真二つに切断された女性の惨殺死体が見つかった。まるで誰かに見せつけるかのように整然と配置されたその遺体には、なぜか一滴の血液も付着していなかった。警察は、被害者が生きたまま腹を裂かれ、完全に血抜きされた上で捨てられたものと見て捜査を開始する。

ほどなく遺体の身元は、ハリウッド女優になることを夢見て軍人専門のクラブのホステスとして働いていたエリザベス・ショート（当時22歳）と判明する。1943年9月、未成年飲酒の容疑で逮捕された際に採取された彼女の指紋と遺体のそれが合致したのだ。

人も羨むほどの美貌を持った被害者。胴体切断の猟奇殺人。事件はマスコミの格好の餌食となり、彼女が黒い服を好んで着ていたことから、地元紙『ロサンゼルス・エグナミー』は、

被害者エリザベス・ショート

ロス郊外の空き地で発見された切断遺体

1946年公開の映画「ブルー・ダリア」になぞらえ、エリザベスを「ブラック・ダリア」と命名、世間の関心を煽った。

死体発見から1週間後、エグナミー紙に、新聞の切り抜き文字で「ダリアの所持品」と書かれた不審な郵便物が届く。開封すると、エリザベスの出生証明書、社会保健証、彼女が複数の軍人と撮った写真数枚、名刺、アドレス帳が入っていた。犯人から送られたことは誰の目にも明らかだが、それら全てがガソリンに浸され、指紋は残っていなかった。

ロサンゼルス市警は約750人の捜査員を動員し、犯人逮捕にやっきになった。自称犯人として出頭した人物を含む、捜査対象者は500人にものぼったという。が、結果的に警察はその全員をシロと判断せざるをえなかった。なぜなら、彼らの誰1人として〝エリザベスの秘密〟を答えられなかったからだ。実は、彼女は生まれつき性器の生育が不完全で、性交ができない体だった。警察はこの事実をひた隠しにし、秘密の

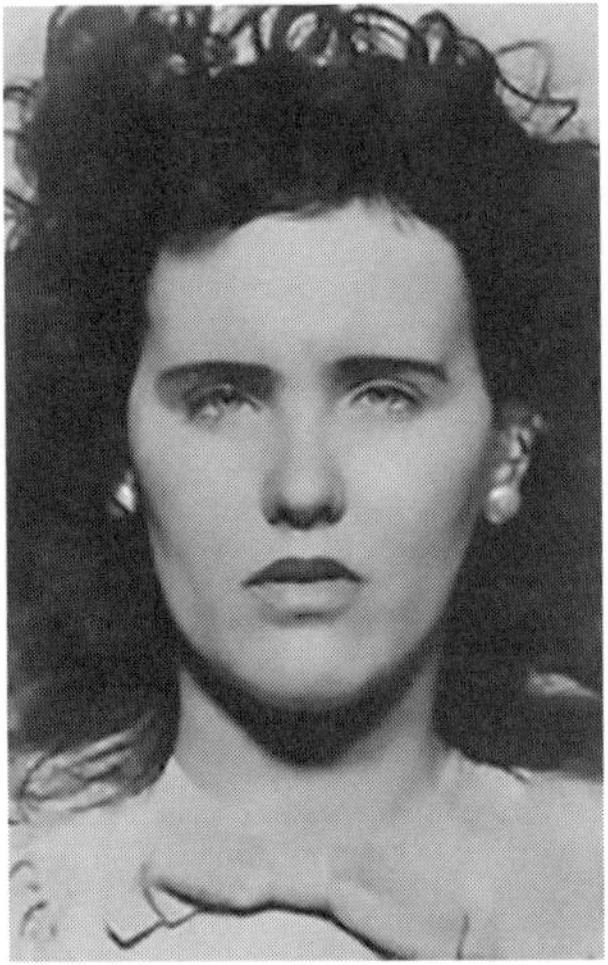

事件の4年前、彼女が18歳のとき未成年飲酒で逮捕された際のマグショット

暴露が得られた相手こそが真犯人だと睨んでいた。エリザベスの美貌に惹かれ言い寄ったものの、セックスを拒否されて殺害。ロス市警はあくまで、彼女と親しかった男性による怨恨の線を追い続けていた。

　その中でも、特に怪しいとされた人物は３人。事件の６日前、エリザベスと一緒にいるところを目撃されていた交際相手のセールスマンのロバート・マンリー。彼女が働いていたクラブのオーナーで、新聞社に届いた郵便物の中に自身のアドレス帳が入っていたマーク・ヘンセン。そして、現在も彼こそが真犯人との声が多い、ジャック・アンダーソン・ウィルソンだ。

　ウィルソンは１９３４年から１９３８年にかけてオハイオ州クリーブランドで12人が惨殺された「キングズベリー・ランの屠殺者事件」の容疑者で（事件は未解決）、１９４５年にエリザベスの同僚だったホステスが2年前に殺された事件でも疑われた人物だ。エリザベスの遺体が発見された際も、犯人と疑われ、新聞社の取材に対し、自分の知り合いが彼女を殺したとして事件の詳細を記者に話していた。あくまで伝聞ではあったが、犯行はウィルソンによるものに違いないと睨んだ新聞社は警察に連絡。事情を聞くため、本人が宿泊していたホテルに捜査

上 **ロス市警の懸命な捜査にもかかわらず容疑者は特定されなかった**
下 **真犯人と目されたジャック・アンダーソン・ウィルソン**

員が向かった矢先、建物から出火し、その中からウィルソンの焼死体が発見される。偶然の事故か他殺かは明らかにされなかった。

ブラック・ダリア事件はアメリカ犯罪史上最大のミステリーとして、その後、多くの小説やノンフィクション、映画などの題材となり、今なお語り継がれている。現在、カリフォルニア州オークランドのマウンテン・ビュー共同墓地に埋葬されているエリザベスは、自分の生涯が突然終わるそのとき、誰を見たのか。答えは本人と真犯人にしかわからない。

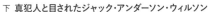

ドミニシ事件

南フランスを旅行中の化学者一家が殺され、第一発見者の父親が逮捕されたが…

1952年8月5日、南フランス・プロバンス地方のリュールを車で旅行中だったイギリスの化学者ジャック・ドラモンド（当時61歳）と妻アン（同46歳）、娘エリザベス（同11歳）が殺害された。夫妻はテントの近くで寝巻き姿のまま射殺されており、夫人は胸に2発、ドラモンドは背中に3発被弾。娘は100メートルほど離れた川辺まで追いかけられて撲殺されていた。

第一発見者は現場に隣接する農場のオーナーの息子だったギュスタ－ブ・ドミニシ（同33歳）で、彼によれば、前日の深夜1時頃に銃声を耳にしたものの恐ろしくて外に出られず、翌朝5時半頃に外に出て、川辺でエリザベスの遺体を見つけたという。しかし、実際に警察に通報したのは鉄道作業員の男性で、その後の調べでギュスタ－ブが鉄道作業員に「少女を見つけたときはまだ生きていた」と話していたことが発覚。ギュスタ－ブは瀕死の少女を放置した罪で逮捕され、2ヶ月の禁固刑が下される。

一方、付近一帯を捜索した警察は、川の中から凶器のアメリカ製カービン銃を発見する。その所有者はギュスタ－ブの父親ガストン・ドミニシ（同75歳）。警察の厳しい取り調べに対しギュスタ－ブは父親の犯行であることを認める。逮捕されたガストンは素直に罪を認めた。自供によると、自分の土地でキャンプしている旅行者を見つけ追い払おうとしたところ、寝巻きに着替える夫人の姿を見て欲情。彼女に飛びかかろうとした際、ドラモンドが邪魔に入り、揉み合いのうち銃が暴発し、悲鳴を上げた婦人と娘も殺害したのだという。しかし、その後、ガストンは犯行との関与を否定。ギュスターブも前言を覆し父の無罪を主張したものの、しばらくするとやはり父親が犯人であると証言を二転三転させた。

メディアはこの事件を大々的に報じ、やがて被害者のドラモンドが第二次世界大戦中、諜報部員だったことを明らかにする。さらに、ドラモンドは1947年と1948年にも事件の起きたリュールを訪れており、そこには化学兵器が研究されていると噂されていた薬品工場があった。となれば、ドラモンドは自身のスパイ活動に絡み殺害されたのか。この推理とドミニシ家はどう関係するのか。

結局、事件はガストンの単独犯行と断定され、裁判で死刑宣告が下る。が、後に高齢を理由に終身刑に減刑。1960年には大統領恩赦で釈放され、真相を語らぬまま1965年に死亡した。ただし、現在ではガストンは冤罪だったとの説が有力である。ちなみに、この事件を題材としたジャン・ギャバン主演の映画が公開された1973年、同じリュールでイギリスの学者ジョン・ベイジル・カートランド（同60歳）がキャンプ中に殺害されたが、彼もまた戦時中は諜報部員だったという（同事件も未解決）。

犠牲者の3人。左からジャック・ドラモンド、娘エリザベス、妻アン

テキサス冷蔵庫バラバラ殺人事件

失踪した重要容疑者の息子は過去にJFK暗殺にも関与!?

　1965年6月23日、米テキサス州ヒューストンの警察署へ1本の電話がかかってきた。

「ここ数日、叔母と叔父と連絡がつかないんです。自宅を訪問して調べてもらえないでしょうか」

　電話を受けて警察官2人が、当時81歳のフレッド・ロジャースと79歳のエドウィナ夫妻の暮らす自宅へ向かった。自宅は鍵がかかった状態で、ノックしても室内からの応答はない。仕方なく警察官が鍵をこじ開け中に入ってみたところ夫婦の姿はなく、ダイニングテーブルに食べかけの食事がそのまま残されていた。特に変わった所はないが、念のため警察官は室内を点検して回ることにした。

　何気なくダイニングの冷蔵庫を開けると、中に肉の塊が大量に保管されていた。違和感を覚えた警察官が目線を落とし、彼はありえないものを目にする。冷蔵庫脇の野菜の収納スペースに夫婦の切断された頭部が置かれていたのだ。

　すぐに現場へ大勢の警察官が送り込まれ、殺人事件として捜査が始まった。結果、夫婦は事件発覚3日前に殺害されたものと判明。冷蔵庫の中に入っていた大量の肉の塊は被害者夫婦の手足と胴体で、後に近くの下水道で彼らの臓器を発見する。また、司法解剖により、夫フレッドは頭部をハンマーで殴られた後、目をくり抜かれ、性器を除去されたことがわかった。妻エ

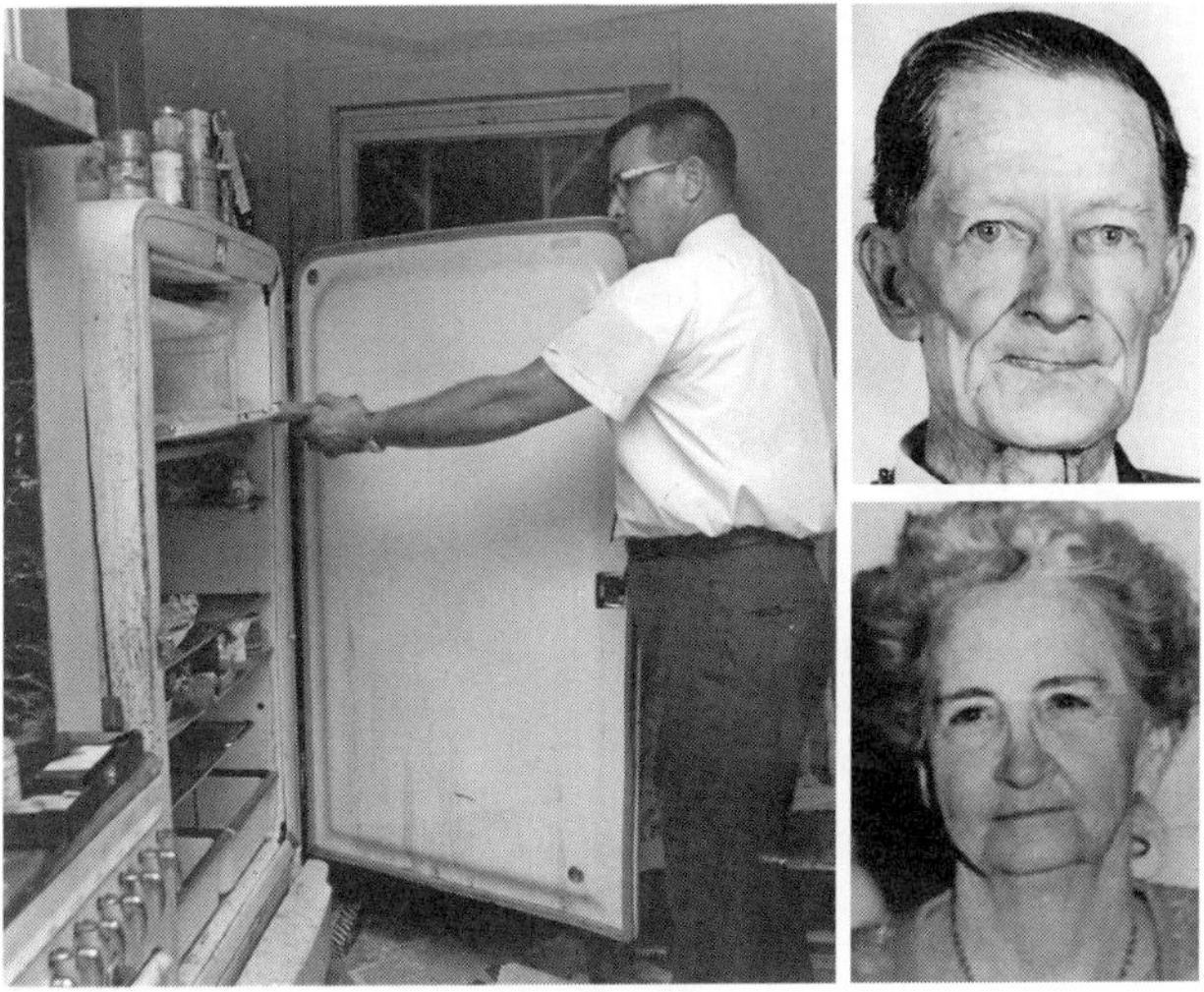

被害者のフレッド・ロジャースと妻のエドウィナ。
左は2人の遺体の一部が見つかった冷蔵庫

ドウィナは酷い暴行を受けた後に頭部へ銃弾を打ち込まれ死亡。犯人は被害者を殺害してから浴室に遺体を運び解体、わざわざ冷蔵庫に保管した後、現場から逃走したものと推定された。

この事件で真っ先に容疑をかけられたのは、被害者夫婦と同居していた43歳の息子チャールズ・ロジャースだ。彼は1942年にテキサスA&M大学に入学した後、ヒューストン大学に再入学。原子核物理学の理学士号を取得し、7つの言語を操るインテリだった。第二次世界大戦中はアメリカ海軍情報局に所属していたが、1957年に一切理由を明かさないまま辞職し、その後、ガスや石油会社に勤務したものの、事件当時は無職で両親のもとに身を寄せていた。もっとも、近隣住民で、夫婦が息子と同居していることを知る者はほとんどいなかった。というのも、チャールズは夜明け前に家を出て、暗くなってから戻ってくるのが日課。後の調べで、家にいる間も部屋に閉じこもり、両親とはドアの下に要件を記したメモを滑り込ませやり取りしていたこともわかった。

そのチャールズが、事件の直後に自宅から姿を消していた。警察は、彼が解剖学にも精通していたことを把握し、重要容疑者としてその行方を追う。メディアも犯行の猟奇

事件後に失踪した息子のチャールズ。重要容疑者として捜索されるも行方がわからないまま、事件から10年後の1975年に死亡認定された

性もあいまって大々的に事件を報じたが、結局チャールズは見つからず、1975年、ヒューストンの裁判所は彼の死亡を宣告する。

それから27年後の1992年、この事件を題材とした『草の丘の男』という書籍が出版された。本作によると、チャールズはジョン・F・ケネディ大統領暗殺（1963年11月22日）にCIAのエージェントとして関与しており、その事実を知った両親が口封じのため何者かに殺害されたのだという。JFK暗殺は公式にはリー・ハーヴェイ・オズワルドの単独犯とされているが、本作ではチャールズと、プロのヒットマンとして知られたチャールズ・ハレルソン（1938-2007）が、大統領暗殺の実行犯とも指摘している。一方、この推測を否定し、両親殺害はやはりチャールズによるものとする意見もある。なんでも、チャールズの父フレッドはギャンブルや詐欺などの違法な活動に従事し、息子が成年するまで彼を虐待。そのことを長年恨みに思っていたチャールズが母親もろとも殺害した後、ホンジュラスに逃げ鉱山労働者として働いていたものの、賃金紛争が原因で殺されたという。真相は闇の中だ。

チャールズがJFK暗殺に関与していると指摘した1992年出版の書籍『The Man on the Grassy Knoll』

シェリ・ジョー・ベイツ惨殺事件

犯人しか知り得ない情報を含んだ手紙が地元警察と新聞社に

1966年11月1日、米カリフォルニア州リバーサイドで、リバーサイド・シティ・カレッジの学生で、チアリーダーのシェリ・ジョー・ベイツ（当時18歳）の惨殺死体が見つかった。前日の21時頃に学内の図書館を出て、車で帰宅しようとしたところを襲われたようで、胸や喉、背中をめった刺しにされていたが、暴行の痕はなかった。

犯人が見つかることなく過ぎた1ヶ月後、地元のリバーサイド警察と『リバーサイド・プレス・エンタープライズ』紙に1通の手紙が届いた。「彼女は若くて美しかった。だが今では無惨な死を遂げた」で始まる文面には、被害者ベイツを侮辱する文言が散りばめられ、その中に犯人しか知り得ない情報も含まれていた。

「私は殺った。楽しかった。私はまず配電器からワイヤーを抜き、図書館の中で彼女を待った」

図書館の配電器からワイヤーを抜き、被害者が図書館から出るように仕向けたことは公にされておらず、手紙の差出人が真犯人であることは疑いようがなかった。ただ、手紙はタイプライターで打たれていたうえにカーボン紙を重ね文字が打たれており、タイプライターの機種の特定は困難。ここから犯人にたどり着くことはできなかった。

事件から5ヶ月後の1967年4月30日、再び犯人のものと思われる手紙が届く。

「ベイツは死ななければならなかった。これからも犠牲者は増える。Z」

最後の「Z」は犯人の署名とも思われたが、真偽は不明。ただ、警察は捜査で学校の図書館の机に青いボールペンで書かれた、犯行にリンクするような落書きを発見している。

「生きるのはうんざり　死ぬのも嫌だ　切る　きれいに　赤ならば　きれい　血はほとばしる　したたる　こぼれる　彼女の新しいドレス一面に　あ、そうだ　もともと赤かった（後略）」

これが事件と関係するものかどうかは不明ながら、最後の「Z」に加え、手紙の筆跡が翌年から幕を開けるゾディアック事件（本書86ページ）と似通っていたことから、同一犯の可能性が疑われている。

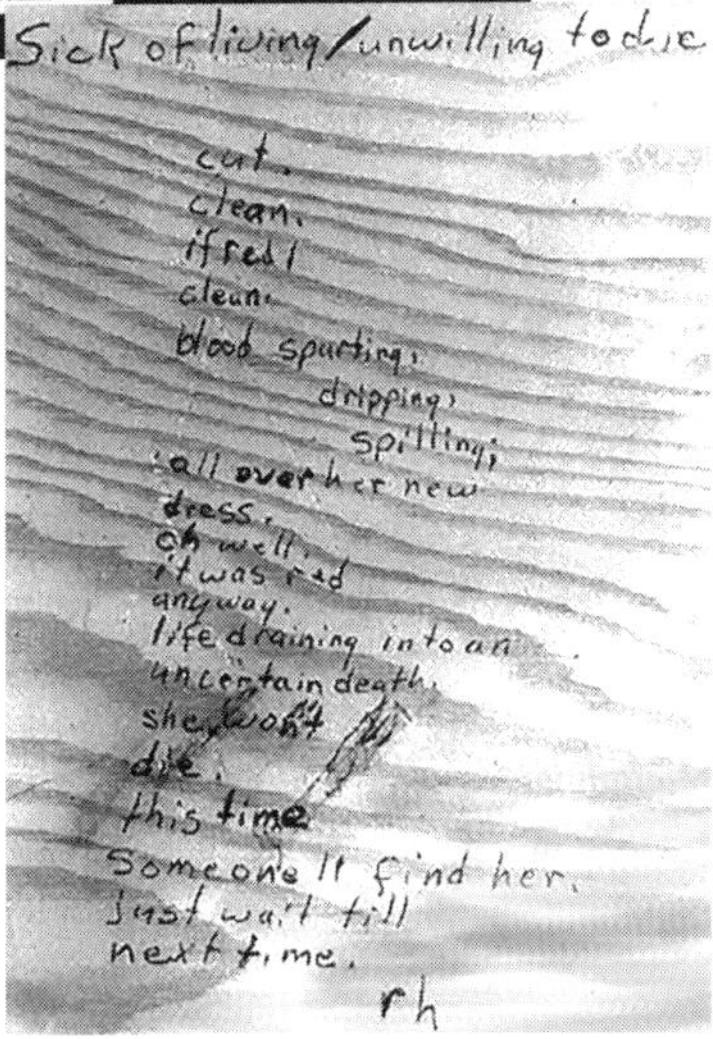

上　事件を報じる新聞。上が被害者のシェリ・ジョー・ベイツ。下が犯人から届いた手紙。
下　図書館で見つかった不審な落書き

ゾディアック事件

アメリカ犯罪史上最も有名な正体不明の連続殺人鬼

1960年代末の米サンフランシスコを舞台に少なくとも5人を殺害。新聞社宛に警察をあざ笑うかのような犯行声明や謎の暗号文を送りつけた男がいる。ゾディアック。世間を恐怖のどん底に陥れた事件の犯人は、今なお逮捕されておらず、事件は未解決のままだ。

最初はカップルばかりが餌食になった。1968年12月20日、サンフランシスコ郊外で、デート中だった17歳と16歳の男女が車中で銃殺により死亡。翌1969年7月4日深夜、最初の現場から3キロ離れた娯楽施設の駐車場で19歳と23歳の男女が銃弾を受け、男性は奇跡的に一命を取り留めたものの、女性は病院へ搬送中に息絶える。

2つの事件は、まもなくサンフランシスコの3つの新聞社に届いた手紙で一つにつながる。そこには犯人しか知り得ない両事件の詳細と、意味不明の暗号文が記され、円と重ねられた不気味な十字のマークで結ばれていた。1週間後に再び届いた手紙で、差出人は初めてゾディアックと名乗る。手紙の最後にはまた例のシンボルマークが書かれていた。

ゲーム感覚で殺人を重ねるゾディアックの3度目の凶行は、1969年9月27日。湖畔でデート中だった学生カップルの前に突然、全身が黒服姿で中世にあった四角い頭巾を被った男が現れ、2人をめった刺しにした。女子学生は病院で死亡。男子学生は一命を取り留めたが、彼の車には油性ペンで、これまでの犯行の日付と例のシンボルマークが書かれていた。ゾディア

上　5人目の犠牲者、タクシー運転手殺害の際の目撃証言による犯人の似顔絵。1969年時点で30代後半〜40代前半、身長170センチ強、体重85〜90キロと報告されている
下　ゾディアックが新聞社に送ってきた実際の暗号文。軍の機関やCIAでも解明できなかったが、1人の教師が解読に成功。「私は人殺しが好きだ。森で狩りをするよりずっといい。なぜなら人間こそ最も危険な動物だからだ」などと書かれていることが判明。ゾディアックからの手紙の最後には、いつも不気味な十字のマークが記されていた

ックの手紙と全く同じ筆跡だった。
1ヶ月後の10月、ゾディアックは突如、標的を変え29歳の男性タクシー運転手を銃殺。10日後、運転手の血が付いたシャツ断片を地元新聞社へ送り、警察への電話でサンフランシスコのテレビ局KGO-TVの朝のトークショーに電話出演すると伝えてきた。殺人犯のテレビ生

出演という異例の要求である。テレビ局は視聴率につながるという計算もあって、通常番組を中止して特番を編成。番組は午前6時30分に放送され、7時20分に犯人と思しき男から電話がかかってくる。事前にゾディアックに指名され、番組に出演していた弁護士が男に「君のことは何と呼べばいいかな？」と聞いたところ「サム」と答えた。警察の逆探知を気にしているのか、電話は何度も切れてはかけ直され計12回に及んだが、その内容は「頭が痛い」とか「子供を殺す」といったまとまりのないもので、果たしてこの男が本当にゾディアックだったかどうか不明のままだった。

これ以降、ゾディアックは動かず、警察の無能を嘲笑する手紙と暗号文を新聞社宛に送り続ける。その数は20通以上にも達し、全てが紙面に掲載されたが、1974年以降、音信が途絶えてしまう。

湖畔でカップルが襲われた際の目撃証言で作成された犯人の出で立ち。上着の真ん中にゾディアックのシンボル、十字のマークが記されている

警察は、事件の容疑者として1千人以上を尋問した。その中で最も怪しいと睨まれたのが、

アーサー・アレンなる男性だ（1933年生）。湖畔でカップルが刺殺された事件現場に残っていた足跡から、犯人が軍用靴を使用し、体重が90キロ以上あることが明らかになっていたが、アレンは海軍勤務の経験があり、足のサイズも体重も一致した。住まいも最初の事件現場から車で8分、第2の現場から5分。何より彼が事件当時、周囲に「近いうちに自分はゾディアックと呼ばれるだろう」と漏らしていたことから真犯人に違いないと目された。状況証拠は真っ黒だった。警察は20年以上もアレンを尋問し、犯行に使われたと思われるアレン所有のトレーラーも隅々まで捜索。多くの武器、パイプ爆弾、ゾディアックシンボルの指輪などを押収した。が、決定的な証拠はゼロ。アレンは怪しまれたまま、1992年、この世を去っている。

最重要容疑者として疑われ続けたアーサー・アレン。状況証拠は真っ黒だったが、一貫して犯行を否認した

2020年12月、オーストラリアの暗号解読者、アメリカの数学者及びベルギーのプログラマーからなるアマチュアの暗号解読チームが、自分たちで開発した暗号解読プログラムを使い、ゾディアックが送りつけてきた340個の記号からなる、いわゆる「340暗号文」の解読に成功した。暗号には「私を捕まえるのを大いに楽しんでほしい」「テレビ番組に電話したのは私ではない」「ガス室は怖くない。より早く私を天国に送ってくれるから」などと記されていたそうだ。が、FBIはこの解読が事件解決の手がかりになることはないとの見解を示している。

ジョアン・ロビンソン・ヒル事件

石油王の娘の殺害を疑われた夫もまた殺害されたミステリー

1969年3月18日、米テキサスの石油王アッシュ・ロビンソンの養女ジョアン・ロビンソン・ヒル（当時38歳）が自宅で倒れ、翌19日に搬送先の病院で亡くなった。司法解剖の結果、死因は肝臓障害と推定されたが、父親アッシュは頑として納得しなかった。娘の死はジョアンの夫である整形外科医のジョン・ヒル（同38歳）によってもたされたものだと主張したのである。

ジョアンとジョンは1957年9月に結婚。テキサス州リバーオークスの高級住宅街に新居を構えた。当初から周囲では、ジョンはいずれジョアンが相続するアッシュの財産目当てで結婚したのだろうと噂が立っていた。実際、夫婦の仲はしだいに冷めていき、ジョンは外に愛人を作り、ジョアンは趣味の乗馬に熱中し憂さを晴らしていた。

そして起きたジョアンの突然死。父アッシュはジョンが妻が倒れても慌てる様子がなく、自宅からかなり離れたヒューストンの病院に送り込んだこと、検死を急がせたことに疑いを持っていた。さらに、妻の死の3ヶ月後にジョンが愛人と再婚したことで怒りは増幅。ジョンが娘に毒物などを飲ませ死に至らしめたに違いないと、公然と彼を非難する。対し、ジョンは著しく名誉を毀損されたとして、石油王アッシュに対して500万ドルにも及ぶ損害賠償を求める訴訟を起こした。

1969年11月、アッシュの主張が通り、改めて司法解剖が行われた。が、故意に殺害された証拠は出てこない。それでもアッシュはあきらめず起訴陪審に持ち込み、翌1970年4月、ジョンを「不作為による謀殺」のかどで起訴した。つまり、意図的に治療を怠ることにより、ジョアンを死に追いやったと認定したのだ。

裁判は1971年2月に始まった。しかし、ジョンの謀殺を立証するのは極めて困難だった。裁判当時、すでに別居していたジョンの再婚相手も検察側証人として出頭し「私も夫に殺されるところでした」などと証言したものの、陪審員の評決は割れ、結局審理無効となってしまう。原告側は即日控訴し、1972年11月から再審が始まることが決まる。が、2回目の審理が開かれることはなかった。その2ヶ月前の9月24日、被告であるジョンが自宅で射殺されたからだ。手を下したのはプロの殺し屋で、その男もまた保釈中に逃走し警官によって射殺。殺し屋を雇ったのはアッシュの可能性が高いが、いずれにしろ事件の真相は闇に葬られることになる。

疑惑の夫ジョン・ヒル(左)と、急死した妻のジョアン
(新婚当初の写真)

アルファベット殺人事件

犠牲者の少女3人それぞれの名、姓、遺体放置場所の頭文字が一致

1971年11月16日、米ニューヨーク州ロチェスターで祖父母と共に暮らす当時10歳の少女カルメン・コロンが近所の薬局で買い物をしたのを最後に行方不明となり、2日後の18日、約19キロ離れたチェーチヴィルの水路で遺体で発見された。検死の結果、暴行を受けレイプされた後、絞殺されていることが判明。殺人事件として捜査を開始した警察は独自に聞き込みなどを行う傍ら、犯人逮捕に繋がる有力な情報提供者に対し6千ドルの報奨金を支払うとして広く情報を募ったが、解決には至らなかった。

17ヶ月後の1973年4月2日、やはりロチェスターで11歳の少女ワンダ・ウォルコウィッツの行方がわからなくなり、翌日、最後に姿が確認されたスーパーマーケットから約11キロ離れたウェブスターの路上で遺体となって発見される。さらに、7ヶ月後の11月26日には11歳のミシェル・メンザが失踪、2日後、ロチェスターから24キロ離れたニューヨーク州マセドンで殺害遺体が見つかった。2人の少女は、カルメン・コロンの件と同様に暴行・強姦の後、ベルト状のもので絞殺されていた。

被害者はみな10代頭の少女で、レイプされたうえで絞殺。現場はロチェスター地区周辺。また、全員がローマカトリック教徒の貧困家庭生まれで、学校で問題を抱えていた。これらから警察は3つの事件をペドフィリア（小児性愛者）による同一犯と睨む一方、他にも奇妙な共通

点があることを把握する。

▼カルメン・コロン／チェーチヴィル＝「Carmen Colon」／「Churchville」
▼ワンダ・ウォルコウィッツ／ウェブスター＝「Wanda Walkowicz」／「Webster」
▼ミシェル・メンザ／マセドン＝「Michelle Maenza」／「Macedon」

被害者それぞれの名、姓、遺体の放置場所の頭文字3つが全て同じだったのだ（カーメンはC、ワンダはW、ミシェルはM）。単なる偶然なのかもしれないが、警察は犯人が被害者の名前や個人的な事情を事前に知りえたうえで犯行に及び、意図的に同じイニシャルの土地に死体を遺棄したものと推定。メディアは、犯人を「ザ・アルファベット・マーダラー」と呼び大々的に報道する。

警察の取り調べを受けた人物

犠牲者の少女3人。左からカルメン・コロン（Carmen Colon）、ワンダ・ウォルコウィッツ（Wanda Walkowicz）、ミシェル・メンザ（Michelle Maenza）。下は最初の犠牲者カルメン・コロンの情報提供を呼びかける警察の看板

の中で特に怪しいとされたのが次の3人だ。まずは1人目の被害者カルメン・コロンの伯父ミゲル・コロン。カルメンから「ミゲルおじさん」と呼ばれる親しい間柄で、彼女の遺体が発見される直前、犯行に使われたものと思われる車と同一の車両を所有、カルメンと何度もドライブに出かけ、事件後に車内を徹底的に洗浄していること、周囲に「ロチェスターで何か間違ったことをした」と言い残し姪の死から4日後にプエルトリコに移住していることがわかった。しかし、警察の厳しい取り調べに、ミゲルは一貫して犯行を否認。物的証拠もなかったことから逮捕には至らなかった。ちなみに、ミゲルは１９９１年、妻と弟を射殺後、自らにも銃を放ち44歳でこの世を去っている。

2人目はロチェスターで消防士として働いていたデニス・テルミニなる男性。彼は１９７１年から１９７３年の間に10代の少女と若い女性を少なくとも14回レイプした連続強姦魔で、最後の犠牲者ミシェル・メンザの遺体が発見された5週間後にも10代の少女を誘拐。警察の追及を受け25歳でピストル自殺を遂げた。ただし２００７年に行われたＤＮＡ検査により、二番目の被害者ワンダ・ウォルコウィッツの体内から回収された精液サンプルとは一致しないことが判明している。

3人目は１９７７年から１９７９年にかけロサンゼルスで共犯の男と12人の女性を殺害し「ヒルサイド・ストラングラー」の異名をとったケネス・ビアンキ（１９５１年生）。彼は一連の事件が起きた当時、ロチェスターに住んでおり、誘拐現場の近くで目撃車両と同じ色とモデルの車両を運転していたことから警察の尋問を受けているが、これまた物的証拠は皆無。何より、ビアンキがペドフィリアではなかったことから、彼が事件に関与した可能性は極めて低いと考えられている。

犯人特定に至らぬまま最初の事件から40年が過ぎた２０１１年４月、カリフォルニアでジョセフ・ナソ（当時77歳）なる写真家の男が逮捕される。１９７７年から１９９４年にかけ４人の女性を殺害した容疑で、３人の少女が殺害された当時はロチェスター在住だった。注目すべきは、彼が手にかけた４人全員の名と姓が同じイニシャルだったことだ。が、遺体の放置場所の頭文字は異なり、犠牲者も18歳〜38歳の売春婦。ＤＮＡ検査の結果も、彼の犯行を否定していた。

事件からすでに半世紀以上。真相が解明される日は来るのだろうか。

2011年4月、名と姓の頭文字が同じ4人の女性を殺害した容疑で逮捕されたジョセフ・ナソ（左）。2013年11月、裁判で死刑が宣告されたが、2022年3月現在執行されていない。右は犠牲者。左上から時計回りにロキシーヌ・ローガッシュ（Roxene Roggasch。死亡当時18歳）、カルメン・コロン（Carmen Colon。同22歳。1971年に殺害された少女と同姓同名）、パメラ・パーソンズ（Pamela Parsons、同38歳）、トレイシー・トフォヤ（Tracy Tofoya）。全員が売春婦だった

アナーバー退役軍人病院連続毒殺事件

2人のフィリピン人看護師が逮捕されたが無罪釈放に

1975年夏、米ミシガン州アナーバー退役軍人病院でショッキングな事件が発生した。7月1日から8月15日のわずか1ヶ月半の間に、56件もの原因不明の呼吸停止が相次ぎ、うち10人が死亡したのだ。この異常事態にFBIが捜査に乗り出し、司法解剖でいずれの遺体からもクラーレを原料とする筋弛緩剤《きんしかんざい》パブロンが検出される。殺人であることは明らかで、遺体に注射痕がないことから点滴のブドウ糖水溶液に混入されたものと推定された。

何者かが毒殺を図ったとして捜査を進めたFBIはやがて、同病院に勤務するフィリピン人看護師のフィリピナ・ナルシソ（当時30歳）とレオノラ・ペレス（同31歳）を容疑者として逮捕する。呼吸が突然止まる直前、常に2人のうちどちらかが患者の傍にいたことが目撃されていたからだ。しかし、動機が見つからなかった。2人は共に勤勉な看護師で、患者を殺さなければならない理由など考えられない。さらに彼女らの姿を見たものの、筋弛緩剤を注射する瞬間を目撃したものはいなかった。こうした状況から、検察側が起訴したのは殺人1件と共謀罪と毒殺の3件だった。

裁判は13週に及び、やがて、アジア移民に対する人種差別問題へと発展する。当時アメリカはアジアからの移民を積極的に受け入れており、ナルシソとペレスもアメリカに来たばかり。移民の多さが人種間による軋轢《あつれき》を生んでおり、当時のフィリピン医師会の会長で、フィリピン

左 事件の舞台となったアン・アナーバー退役軍人病院
右 逮捕・起訴された看護師フィリピナ・ナルシソ（左）とレオノラ・ペレス（1976年4月撮影）

大統領フェルディナンド・マルコスの弟パシフィコ・マルコスは2人の起訴を冤罪として激しく非難した。

判決は殺人については無罪、毒物混入と殺人謀議については有罪という曖昧なもので、控訴審では証拠不十分として全ての項目で無罪となる。「疑わしきは罰せず」の刑事裁判の原則が支持された形だが、それでも2人が真犯人だったとする声は今も少なくない。動機は「代理ミュンヒハウゼン症候群」。意図的に病気や怪我を起こすよう仕組んだうえで、健気に看病する姿を演じて周囲の同情や注目を集めることに快感を覚える精神疾患だ。この病気は1991年、イギリス・リンカンシャー州の病院の小児科病棟に勤務していた女性看護師ビヴァリー・アリットが13人の子供に大量のインシュリンを投与し、4人を死に追いやった事件で有名となったが、1975年当時は、まだその存在自体が認知されていなかった。もしナルシソとペレスが犯行を働いていたら、理由は他に考えられないだろう。

コロニアル・パークウェイ複数殺人事件

バージニア州の有名デートスポットで4組8人の男女が犠牲に

「コロニアル・パークウェイ」は米バージニア州ジェームズタウンからウィリアムズバーグ、ヨークタウンの歴史ある3つの町を結ぶ約37キロの観光道路だ。コロニアル国立歴史公園の一部で風光明媚《ふうこうめいび》なこの場所で、1986年から1989年にかけて4組8人が殺害される事件が起きた。恋人ばかりが犠牲となった犯行は快楽殺人とみられ、現在に至るまで未解決のままだ。

1986年10月20日、アメリカ海軍士官学校を1981年に卒業した女性警察官キャスリーン・トーマス（当時27歳）とウィリアム・アンド・メアリー大学出身のレベッカ・ダウスキー（同21歳）が、コロニアル・パークウェイ沿いに停車していた1980年製のホンダ・シビックの車内で遺体となって発見された。2人は交際中の同性愛カップルで、以前にも何度かコロニアル・パークウェイでドライブデートを楽しみ、殺害現場となる通称「ラバーズ・レーン」を訪れていたそうだ。司法解剖の結果、首を絞められ喉を切られていたことが判明した。遺体と車に大量の灯油が注がれていたものの、火はつけられていなかった。不可解なのは、動機が全く見えないことだ。財布は盗られておらず、服は着たままでレイプされた痕もない。トーマスの指の間に犯人の髪の毛の塊が見つかったことから、いきなり襲われ激しく抵抗したものと思われたが、毛髪から採取されたＤＮＡと、警察のデータベースに保存された犯罪者のＤＮＡはどれも一致しなかった。

1年後の1987年9月22日、恋人同士のデイビッド・ノーブリング（同20歳）と14歳の少

上 コロニアル・パークウェイ。風光明媚な観光スポットが惨劇の舞台に
下 最初の被害者キャスリーン・トーマス（右）とレベッカ・ダウスキー。

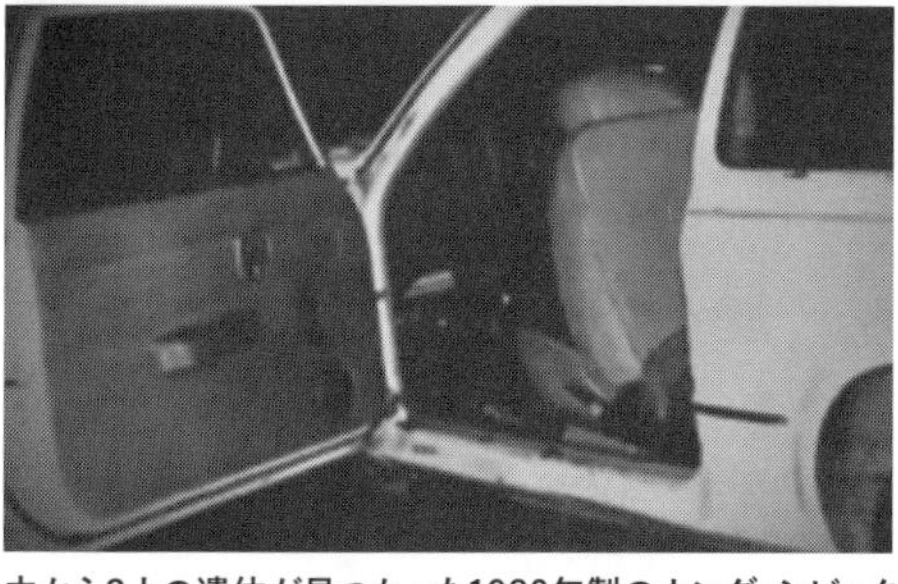

中から2人の遺体が見つかった1980年製のホンダ・シビック

女ロビン・エドワーズが、バージニア州アイルオブワイト郡のラグドアイランド野生生物保護区で処刑スタイルで銃殺されているのが発見される。２人は３日前から行方不明となっていたが、後の捜査でノーブリング運転のトラックが現場近くの駐車場で見つかったことから、車を降りてデートを楽しんでいる最中、凶行に遭ったようだ。ただし、金銭は奪われていなかった。

さらに1年後の１９８８年4月10日、バージニア州にあるクリストファー・ニューポート大学に在籍中の男女カップル、リチャード・コール（同20歳）とカサンドラ・ヘイリー（同19歳）がパーティに参加した後、失踪する。翌11日、コール所有の１９８２年製赤いトヨタ・セリカがコロニアル・パークウェイにあるヨーク川の展望台で発見。車内に残されていた衣類の臭いを嗅いだ警察犬が行方を捜したが、結局行方はわからず仕舞いだった。ちなみに、車の発見場所は2年前の事件現場とわずか数キロしか離れておらず、警察は彼らが殺害されたものと推定している。

翌１９８９年10月19日、１ヶ月以上前から行方不明となっていたダニエル・ラウア（同21歳）とアンナマリア・フェルプス（同18歳）の男女カップルの白骨遺体が、バージニア州ニューケント郡の森の中で地元ハンターによって発見された。遺体は共にナイフで激しく傷つけられていたが、やはり金品類は残されたまま。ちなみに、ラウアの車が遺体発見場所からわずか１・6キロの駐車場で乗り捨てられていたことから、２番目の事件と同様、観光デートの最中に何者かに襲われたようだ。そして、コロニアル・パークウェイ一帯での殺人事件は、これを最後にぴたりと終わりを告げる。

2番目の被害者デイビッド・ノーブリングとロビン・エドワーズ（左上&下）、殺された可能性が高いリチャード・コールとカサンドラ・ヘイリー（中央上&下）、4番目の被害者ダニエル・ラウアとアンナマリア・フェルプス（右上&下）

犯行手口は微妙に異なるものの、有名なデートスポットでカップルばかりが4年連続で殺害された（1組は推定）事件を警察は同一犯による犯行と睨み捜査を進めたが犯人につながる手がかりは何一つつかめなかった。目撃情報も犯人と思われる遺留品も皆無。まさにお手上げ状態のまま現在に至っている。

一方、メディアも4組の恋人が殺害されたこの事件を大々的に取り上げ、新聞やテレビが特集で報道した他、1993年から1998年まで全国テレビで「ハイウェイパトロールの実話」なるドラマ（全6シーズン780エピソード）を放映。2021年2月にも有料テレビチャンネルのOXYGENネットワークがこの事件を題材としたドラマ「恋人たちの車線殺人事件」を放送したが、事件そのものの解決にはつながっていない。

事件は快楽が目的のシリアルキラーによる犯行の可能性が高いとして、FBIと警察は現在もなお犯人の行方を追っている。

カリーナ・ホルマー殺害事件

スウェーデンから移住してきた美女の上半身だけがゴミ箱の中に

1996年1月、スウェーデンの首都ストックホルムから約150キロ離れた田舎町に暮らす当時19歳の女性カリーナ・ホルマーが、何気なく購入した宝くじで1500ドル（約20万円）に当選した。物心ついた頃から海外に住むことを夢見ていた彼女は、その当選金を元手にアメリカに移住。同年3月からマサチューセッツ州ドーバーにアパートを借り、ベビーシッターとして働き始める。

その後、ボストンに移住し警察官の男性と交際しながら、週末はパーティに行ったりダウンタウンのバーで飲んで過ごす日々を送る。同年6月21日、彼女は「ザンジバル」という名前の人気クラブに出かけ、友人たちと酒を飲み踊っていた。泥酔した状態で警備員に護衛されながら店を出たのが深夜3時。これを最後にホルマーは行方不明となる。

2日後の23日朝、彼女はボイルストン・ストリートの青色の大型のゴミ箱の中で、変わり果てた姿で見つかる。体を腰から切断され上半身だけとなったホルマーの死体が遺棄されていたのだ（下半身は見つかっていない）。司法解剖の結果、死因は絞殺とわかった。また、証拠隠滅を図るかのように遺体がきれいに洗浄されていることも判明する。

その後、警察はハーブ・ウィッテンなる男性を容疑者と睨み尋問を行う。事件当日、ホルマーがクラブを出た後、一緒にいるところを数人が目撃していた。警察は、ウィッテンが酔った彼女を車で拾い、強姦した後、殺害し切断、レイプの証拠を隠すため下半身だけを遺棄したものと厳しく彼を追及した。が、ウィッテンは頑なに犯行を否認。決定的な証拠も見つからず、結局、逮捕には至らなかった。ただし、ウィッテンはその１年後に謎の自殺を遂げている。

もう１人、容疑者として挙がったのは、ホルマーがベビーシッターの職に就いていた際の雇用主、フランク・ラップだ。周囲からの評判が悪く、事件の日のアリバイも無し。警察の尋問にも極めて非協力的だった。さらに、ホルマーの遺体が発見された翌日、ラップ宅と隣人が共有していたゴミ箱で火事が発生していた。警察はラップがホルマーの下半身を燃やしたのではと睨んだが、ゴミ箱の中から人間の遺体に関する物は何も発見されず、彼もまた逮捕されることはなかった。

事件から27年が過ぎた２０２３年４月現在、事件は未解決である。

被害者カリーナ・ホルマーと、
彼女の遺体の一部が見つかったゴミ箱

ナミビア「B1の肉屋」事件

売春婦を含む5人の女性を殺害し、切断した遺体を国道沿いに放棄

２００７年6月から7月にかけてアフリカ南西部の国ナミビアの首都ウィントフック地域を走る国道Ｂ１道路で、ゴミ袋に入れられた遺体が発見される。見つかった遺体は一部で、２人の異なる女性のものと判明。事件は死体が専門的な方法で丁寧に解体されていたことから「The B1 Butcher（Ｂ１の肉屋）」と呼ばれるようになる。１ヶ月後の同年8月、Ｂ１国道の北で切断された女性の頭部と腕が発見された。警察は解体手口からこの女性も「Ｂ１の肉屋」によって殺害されたものと断定。さらに捜査を進めると、２００５年に同一人物による犯行と思われる女性2人の切断遺体が見つかっていることもわかった。

犠牲者は全部で5人。身元が特定されたのはジョアニータ・マブーラ（２００５年の殺害当時21歳）、メラニー・ヤンセ（同22歳）、サナ・ヘレナ（２００７年の殺害当時36歳）の３人で、他2人は身元不明。司法解剖の結果、全ての犠牲者の遺体が凍結または冷蔵された兆候を示し、彼女たちが一時冷蔵保管されていた可能性が高いことがわかった。ただ、殺害方法に関しては異なっており、マブーラは鈍器で殴られ、ヤンセは絞殺。またヤンセとヘレナは顔見知りで、ウィントフックのダウンタウンで売春婦として働いていたことも判明した。

南アフリカ共和国から連続殺人事件に特化した上級刑事3人の支援を受け捜査を進めたナミビア警察当局は、５人目の犠牲者が出た直後の２００７年8月下旬、ドイツ出身のハインツ・

クニエリムなる男性を逮捕する。容疑はウィントフック近くで29歳のナミビア人を襲った強姦及び殺人未遂罪だったが、当局はクニエリムこそが「B1の肉屋」であると睨み、徹底的に取り調べる。しかし、クニエリムは犯行を頑に否定。物的証拠の欠如から2010年2月、裁判で無罪となった。

もう1人、警察が重要容疑者として睨んだのが、過去2度殺人を犯した罪で終身刑となり服役していたものの、2004年に釈放されていたハンス・ハッセルマンなる男性だ。彼の住んでいたアパートの室内からヘレナのDNAが発見されており、彼がヘレナを部屋に入れたのは確実だったが、逮捕を待つまでもなくハッセルマンは2008年6月、自ら命を絶った。

2年後の2010年、ナミビア中西部に位置する町レホボスの農場で人間の頭と腕が発見され、再び「B1の肉屋」が活動を始めたと騒がれた。しかし、これまでの犯行との類似点がほとんどなく、また現場がB1付近ではなかったため、別の犯行と結論づけられている。事件は今も未解決のままだ。

事件の舞台となったナミビアB1国道

デュポン・ド・リゴネス一家殺人事件

重要容疑者の父グザヴィエは現在も行方不明

２０１１年４月21日、フランス西部の都市ナントの住宅の庭に複数の遺体が埋められているのが発見された。遺体はこの家に住むアグネス・デュポン・ド・リゴネス（当時48歳）と、彼女の長男アーサー・ニコラス（同20歳）、次男トーマス（同18歳）、長女アン（同16歳）、三男ブノワ（同13歳）の5人で、全員がこめかみに銃を2発撃たれていたが、不可解なことに一家の主人であるグザヴィエ・デュポン・ド・リゴネス（同50歳）の姿はどこにも見当たらなかった。

殺人事件として捜査に乗り出した警察は、遺体発見10日前の4月11日、グザヴィエの署名で妻アグネスの職場や子供たちが通う学校に「急な転勤でオーストラリアに行くことになった」との手紙が送られていた事実と、その数日前から被害者5人が周囲から消失していたことを突き止め、こうした状況からグザヴィエが4月４日から７日にかけて妻子を殺害、偽装工作の後、逃亡を図ったものと睨んだ。

まもなく、グザヴィエの愛人を名乗る女性が「事件を知って身の危険を感じた」と警察に通報。彼が多額の借金を抱えていて、１年前には個人的に5万ユーロを貸したことを打ち明ける。グザヴィエは家族や周囲には旅行代理店を経営していると自称していたが、オフィスも社員もいなかった。さらに、グザヴィエにはもう１人別の愛人女性がおり、彼女も行方不明になっていることが判明。また、グザヴィエは、亡き父から譲り受けたライフルを持っていて2月から射的場に現れて熱心に練習していたこと、最後に射的場に来たときは下の子供2人も連れてきていたこと、家族を撃った銃とグザヴィエ所有の銃が一致すること、事件前にスコップや手押し車を購入していたこともわかった。2人の愛人、虚構の仕事、多重債務。家族に隠し続けていた実態がバレそうになって妻子を殺害したことは容易に想像できた。

その後の調べで警察は、グザヴィエが4月12日にアヴィニヨン近くの5つ星ホテルのスイートルームに泊まり、翌晩は安ホテルに宿泊後、車を乗り捨て姿をくらましたことを突き止める。しかし、それ以降の足取りは不明。ヨーロッパ中に捜索願が出されたものの有力な情報は寄せられなかった。

デュポン・ド・リゴネス一家。上段左から家族を殺害した可能性の高いグザヴィエ、被害者の妻アグネス、長男アーサー。下段左から次男トーマス、長女アン、三男ブノワ

事件から8年後の2019年10月11日、フランス警察当局が国際指名手配中のグザヴィエをスコットランドのグラスゴー空港で逮捕したことが多数のメディアによって報じられた。が、指紋照合の結果、翌日には全くの別人であることが判明。グザヴィエは現在も行方不明ながら、すでに自殺しているとの見方も強い。

第3章 人間蒸発

女優ジーン・スパングラー失踪事件

メモに書かれていた「カーク」とはいったい誰？

ジーン・スパングラー（１９２３年、米シアトル生）は１９４０年代後半、ハリウッド映画で活躍した女優である。とはいえ、出演した作品はどれも端役。スターダムに上ることを夢見ながら、ナイトダンサーの仕事などで生活費を稼ぐ毎日を送っていた。また彼女には離婚歴があり、５歳になる娘の養育費を巡って元夫と話し合いを重ねていた。

１９４９年10月７日の夕方、スパングラーは同居している兄夫婦に撮影の仕事に行くと告げロサンゼルスの自宅を後にする。が、翌日になっても家に戻らなかったため、兄夫婦が失踪届を提出。さっそく警察が撮影スタジオに確認したところ、その日は仕事が入っていないことがわかった。では密かに元夫に話し合いに行ったのではないか。しかし、警察の調べで、当日、彼女が元夫とは会ってないことが判明した。

失踪２日後、自宅から約９キロ離れた公園で、ストラップの引きちぎられたスパングラーのバッグが発見される。中にあった財布にお金はなく、代わりに彼女が書いたと思われるメモが入っていた。

「カーク、もう待てない。スコット博士を見に行く。母親がいなくても、この方法ならうまくいく」

カーク及び、スコット博士とは誰なのか。兄夫婦には全く心当たりがなかったが、スパングラーの失踪がメディアに報じられると様々な憶測を呼び、やがて「カーク」は俳優カーク・ダグラス（1916－2020）ではないかと噂されるようになる。ダグラスは1946年に銀幕デビュー、1949年公開の映画「チャンピオン」でアカデミー主演男優賞にノミネートされた、当時最も注目を浴びていた新進スターだった。次の主演作「情熱の協奏曲」にはスパングラーもエキストラで出演しており、2人の間に男女の関係があったのではと疑われたのだ。さらに警察が捜査を進めると、スパングラーが失踪前、友人に自分はいま妊娠3ヶ月で違法な中絶を考えていると話していたことが発覚。スコット博士も、堕胎手術を闇で請け負う医者で、過去に元患者の女性を脅迫した前科を持つ人物であることがわかった。

こうした噂を耳にしたダグラスは自ら警察に電話をかけ「彼女とは少し冗談を交した程度で、外で会ったことはない」と嫌疑を真っ向から否定。一方、警察の調べにより、スパングラーが当時の大物マフィア、アンソニー・コネーコやミッキー・コーエンらと関係していた疑惑も浮上してきた。これが事実なら、彼女がギャングとトラブルになり、殺害された可能性もある。

その後も警察はスパングラーの行方を捜索、また有名女性コラムニストのルエラ・パーソンズが1千ドルの報奨金を出し情報を求めるなどしたが、結局事件は解決しないまま現在に至っている。

ジーン・スパングラー。失踪当時26歳。行方不明の2年前に起きたブラック・ダリア事件（本書74ページ）との関与を疑う声があったそうだ

マーティン一家失踪・遺体発見事件

車を盗んだ2人組。家族と不仲だった長男。疑惑が渦巻くも警察は事故と断定

1958年12月7日、米オレゴン州ポートランド北東部ローズウェイに住むケネス・マーティン（当時54歳）、妻バーバラ（同48歳）、長女バービー（14歳）、次女スーザン（13歳）、三女バージニア（11歳）の5人が、自宅からそう遠くないコロンビア渓谷の田園地帯に向け、1954年製フォードステーションワゴンでドライブ旅行に出かけた。彼らの計画では13時に家を出て渓谷の自然を満喫し、クリスマスツリーになるような木と装飾用の草葉を集め、その日の夕方には家に戻る予定だった。これは、前日の夜、ケネスとバーバラが近所で開かれたクリスマスパーティに出席した際、友人に話していたことから明らかになった事実である。

しかし、マーティン一家は翌日になっても戻らなかった。心配した近隣住民から連絡を受けた地元警察は7日の16時頃、一家が自宅から約64キロ離れた国道沿いのガソリンスタンドで給油した後、オレゴン州フッドリバーのレストランで目撃されていることを突き止めた。が、それ以降の足取りは一切不明。いったい彼らはどこに消えたのか。

家宅捜索でも何の異常も見つからなかった。洗濯機には洗濯物があり、キッチンのシンクには食事を終えた後の皿が浸かっており、多額の現金も残されたまま。一家が失踪する理由はまるでない。そこで警察は、家族の車が何らかの事情でコロンビア川に転落し、流されたものと推測。捜索の結果、コロンビア川沿いの道路から不審なタイヤ痕や、マーティン一家の車と同

じメーカー、モデル、配色の車からのものと思われる塗料の欠片が見つかったが、具体的な物証は皆無。念のため、米陸軍の工兵隊が川底を探査したものの、何の成果も得られなかった。

失踪したマーティン一家。上段左から主人ケネス、妻バーバラ。下段左から長女バービー、次女スーザン、三女バージニア。下は一家が失踪する当日、ドライブ旅行に出かけた際に乗っていた1954年製フォードステーションワゴンの同モデル

一方、マーティン一家が行方不明になったのと同じ日に、一家の車が通ったと思われる場所からそう遠くないカスケードロックスで、白いシボレーが放置されているのが見つかっていた。ナンバーから、車は現場から1千キロ以上離れたカリフォルニアで盗まれたものと判明。3週間後の28日、車が放置された場所の近くに、普段、バーバラが着用していたものと類似する女性物の手袋が

落ち、茂みの中に銃身に乾いた血のついたピストル（コルトコマンダー38口径）が隠されているのが発見された。

そして、警察はほどなく車を盗んだ2人組の男を特定する。どちらも元受刑者で、マーティン一家が最後に目撃されたレストランで働いていたウェイトレスの証言から、彼ら2人が一家と同じ時間に店におり、同じ時刻に店から出ていったことがわかった。明らかに不審で、彼らが一家の失踪に関与している可能性は十分ありうる。しかし、警察はなぜか2人を追及せず、手袋や拳銃についても調べることはなかった。

失踪から6ヶ月後の1959年5月3日、事態は大きく動く。盗難車が放置されていたカスケードロックスにほど近いコロンビア川の下流の岸で次女スーザンの遺体が見つかったのだ。そして、翌4日には約50キロ離れたボンネビル・ダムの近くで三女バージニアの遺体発見。2人とも識別できないほど腐

次女バージニアの遺体が発見されたオレゴン州とワシントン州間のコロンビア川に所在するボンネビル・ダム

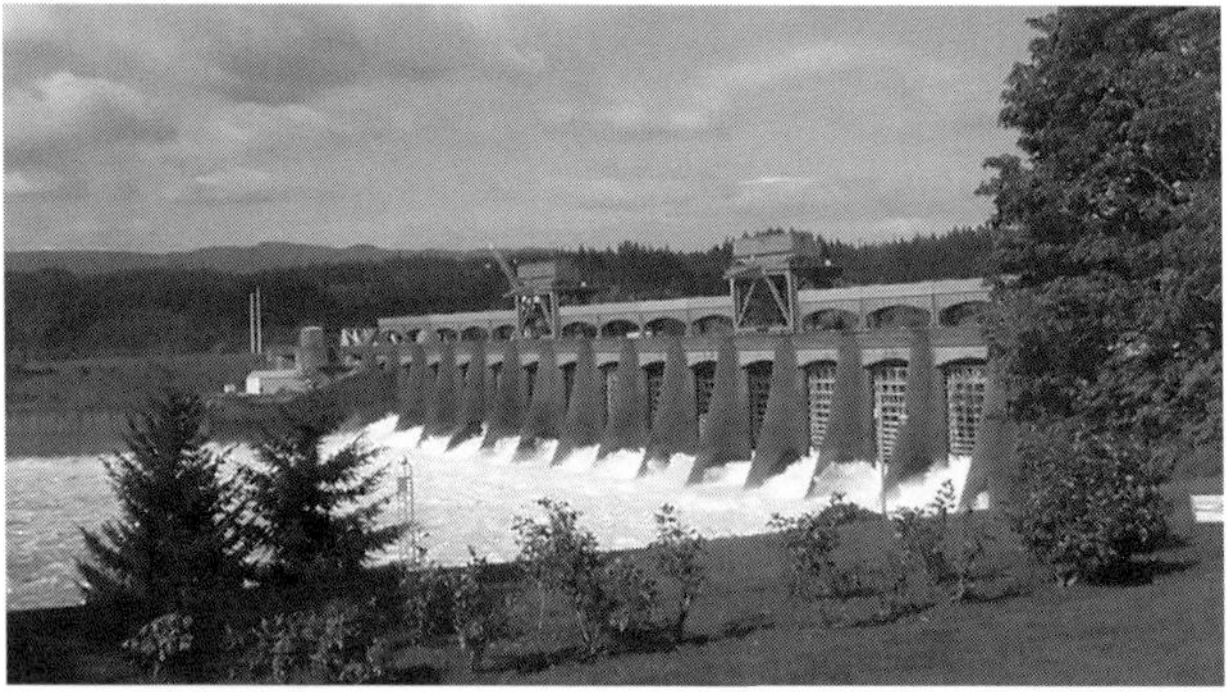

食が進んでいたが、バージニアの遺体の頭蓋骨に穴が開いていることが確認された。しかし、司法解剖の結果、検視官は死因は2人とも溺死と断定。その後、周辺一帯で大がかりな捜索が行われるも、残る3人の遺体は見つからなかった。

　警察は、最終的に一家の主人ケネスが運転を誤って車を川に転落させた事故と断定づけた。が、その結論には疑わしい部分もある。警察は捜査の過程で、盗難車の近くで見つかった拳銃が売られていたデパートを特定していた。実は、マーティン一家には事件当時ニューヨーク海軍基地で働いていた長男ドナルド・マーティン（28歳）がおり、彼はかつてそのデパートで働いていただけでなく、まさにその拳銃を盗んだ容疑で逮捕されていたことが明らかになったのだ。

　さらに関係者へ聞き込みを続けると、ドナルドは家族とかなり仲が悪く、失踪した家族の捜索に一切協力しないばかりか、彼らの追悼式にも出席していなかった。警察は重要容疑者としてドナルドに接触したが、確固たる証拠はなし。結局、彼は逮捕されることなく2003年に死去した。

　さらに不思議なのは、シボレーを盗んだ前科者の2人組を警察が簡単に捜査の対象外にしたことだ。意図的に追及を怠ったとしか思えない不自然さ。真相は不明ながら、そこに闇が隠されていた疑いは拭いきれないだろう。

失踪当時、海兵隊員としてニューヨークの海軍基地で働いていた長男ドナルド。後に、一家が車で走った道路に落ちていた拳銃を盗み逮捕されていたことが判明

ジョーン・リッシュ消失事件

自宅内に大量の血痕を残し姿を消した主婦。殺人事件を装った自作自演説も

「お母さんが出て行っちゃって、キッチンが赤いペンキまみれなの」

1961年10月24日16時15分頃、ボストン郊外の米マサチューセッツ州リンカーンに住む少女リリアン・リッシュ（当時4歳）が、真向かいに住む主婦バーバラ・ベイカーにこう言った。バーバラはこの日、リリアンの母ジョーン（同31歳）に頼まれ、リリアンと弟ディビッド（同3歳）を預かっていた。ジョーンの夫は当日の朝ニューヨークへ出張に行き、ジョーンはその後、車で娘を歯科医院に連れて行ったり買い物に出かけるなど忙《せわ》しなく動いていた。バーバラがジョーンを彼女の自宅の庭で最後に見たのが14時15分頃。その後、バーバラの子供が学校から帰宅したため、眠っていたディビッドだけを残し、15時40分頃、リリアンを帰した。家にはてっきり母ジョーンがいるものと信じて疑わなかったバーバラにはリリアンの話の内容がまるでわからなかった。そこでジョーンの家を訪ね、初めてリリアンの言うとおり「キッチンが赤いペンキまみれ」であることに気づいた。

通報を受けた警察がジョーン宅を確認したところ、キッチンの壁と床に血痕があり、テーブルはひっくり返され、壁かけの電話の受話器は線が引きちぎられゴミ箱に捨てられていた。警察はジョーンが自殺を図ったものと考え宅内を捜索したものの彼女の姿はどこにもなかった。その後、血痕はキッチンのみならず、主寝室や子供部屋、階段、外の敷地にも残っていること

が判明。こうした現場の状況から、彼女が家に侵入してきた何者かに拉致された疑いが強まる。

しかし、近隣住民の目撃証言によって拉致の可能性は薄まる。バーバラが最後にジョーンを見た30分後の14時45分頃、当日ジョーンが着ていた服装と全く同じ恰好をした女性が、ハンカチーフを頭からかぶり州道を歩いている姿が目撃されていた。また、15時15分から45分にかけて同じような服装をした女性が足から血を流しながら別の州道を歩き、その姿は16時30分頃にも確認されていた。これらの証言は信憑性が高く、警察は目撃された女性がジョーン本人と断定。彼女が1人で家を出ていった可能性もあると睨んだが、その後の行方は一切わからなかった。

ほどなく、町の公立図書館で類似事件を調べていた地元紙『フレンチ・ビューワー』の記者が興味深い事実を見つける。失踪1ヶ月前の9月、ジョーンが、別のある既婚女性が失踪した事件を扱った本を借りていたことに気づいたのだ。さらに今回の事件と同じように、大量の血痕を残して失踪した女性を紹介している本の貸出カードにジョーンの署名

右　ジョーン・リッシュ。失踪時31歳
左　ジョーンが住んでいたマサチューセッツ州リンカーンの自宅

があること発見。この事実が記事になったことで、図書館のボランティア職員たちが記録をたどったところ、ジョーンは図書館の常連であり、1961年の夏が終わるまでに25冊の本を借り、その多くが殺人か失踪事件に関するものだったことが判明する。こうした状況から、ジョーンの失踪は自作自演、つまり、彼女は部屋を犯罪現場のように演出し、自らの意思で失踪したという疑惑が広まる。

ジョーンと、息子ディビッドと娘リリアン。幼い我が子を残しなぜ彼女は失踪したのか

キッチンで見つかった血痕

しかし、家庭のあるごく平凡な主婦が、なぜそんな真似をしなければならないのか。警察はジョーンが何者かに危害を加えられた可能性も捨てきれないとして、夫であるマーティン・リッシュ、失踪当日、ジョーンの自宅を訪ねた郵便配達人、牛乳の宅配ドライバーを任意で取り調べたが、いずれも彼女の失踪時間にアリバイが成立した。

結局、捜査が進展を見せることはなかった。捜査員の1人はジョーンがさ迷い歩いているうちに建設中だった州道にあったピット（地下に設けた配管を通すための空間）に落ち、誰にも気づかれずに死亡したと唱えた。また、夫マーティンは、妻が記憶喪失のような症状か精神的な衰弱を抱えていて、家に帰る方法がわからなくなったと主張。しかし彼女には精神疾患の既往歴はなく、家族にもそうした症状を持つ者はいなかった。

自殺、事故、失踪、誘拐、殺人事件の自作自演。ジョーンの消失には様々な憶測が流れ、現在に至るも答えは出ていない。

家から姿を消した後、ジョーンに似た女性の姿が複数目撃されたマサチューセッツ州道128号線

鈴木俊之くん失踪事件

行方不明から2日後、別々の3ヶ所に女の声で奇妙な電話が

1965年7月3日16時頃、静岡県伊東市宇佐美区に住む小学2年生、鈴木《すずき》俊之《としゆき》君（当時7歳）が「遊びに行く」と言って自宅を出たまま行方不明になった。通報を受けた警察はすぐに捜索を開始したものの、有力な情報は得られなかった。それから2日後、奇妙な電話がそれぞれ別の場所に3回かかってくる。

まず7月5日昼12時30分頃、俊之君が住んでいるアパートから200メートルほど離れたホテルに電話が入る。留守番の女性が出ると「お宅の近所で子供がいなくなったそうですが本当ですか。それに間違いありませんね」という女の声がしてそのまま切れた。30分後の13時頃、今度は俊之君の近所の親戚宅に電話がかかりこれまた女の声で「子供がいなくなったのは本当ですか？」と聞いてきて、親戚が「はい」と答えたところ、「ボクが誘拐した。今日3時頃までに熱海駅1番ホームで…」と言いかけたところで、驚いた親戚が受話器を投げ警察に伝え、再び受話器に出たがすでに電話は切れていた。さらにほぼ同時刻、俊之君の父親の勤め先の旅館に「俊之くんの父親（このとき名前で呼んだ）はいませんか？」とやはり女の声で電話がかかってきたことが確認されている。

これら〝怪電話〟の報告を受けた伊東署は捜査本部を設置。すぐに親戚宅とホテルの電話機にテープレコーダーを設置するとともに、俊之君の母親が署員2人と熱海駅へ向かったが、怪

しい人物はいなかった。

7月6日、警察は子供たちの案内で俊之君が向かったという山を捜索していた（虫を入れる小箱をかかえて山へ向かったとの目撃情報があったため）。手がかりはなかったが、この日、俊之くんの近所の鮮魚店に電話がかかる。その家の4歳の男の子が電話に出て「なーに？ トシちゃん？」と聞き返している姿を見た祖母がすぐに受話器を取ったところ、電話は無言のまま切れてしまう。この電話が俊之くん本人がかけてきたものかどうかはわかっていない。

怪しいのは、3回も電話をかけてきた同一人物と思われる女である。なぜ、俊之くんの自宅でなく、親戚やホテルに連絡してきたのか。実に不可解だが、その後の警察の調べで、失踪3日目の20時から21時30分にかけて、俊之くん宅に入る国道を黒塗りの大型乗用車が往復していたことが判明。目撃情報によれば、車のライトは消えたままで、後部座席に乗った女が窓ガラスから身を乗り出すように俊之くん宅を見入っていたそうだ。また、俊之くん宅から100メートルほどのところにある旅館の部屋が荒らされており、台所に調理の跡、ベッドの毛布の中からおもちゃの十手と口紅のついたバスタオルが発見された。俊之くんはここに監禁されていたのだろうか。だとすれば、なぜ旅館の人間は気づかなかったのだろうか。

警察は顔見知りの人間が事件に関与している可能性もあると考え、懸命な捜査を続けたが、現在に至るまで俊之くんは発見されていない。

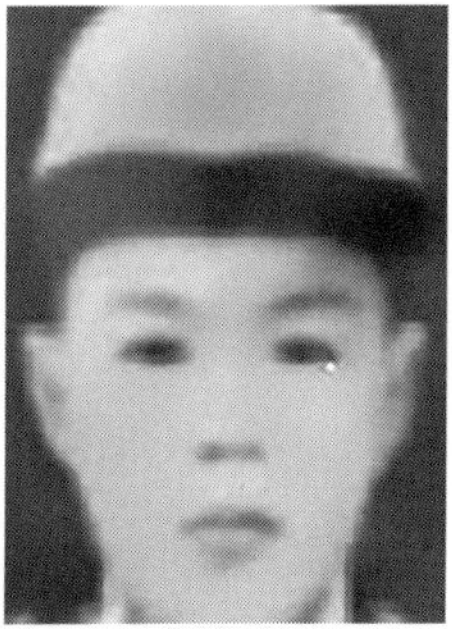
こつ然と消えた鈴木俊之くん

スウェーデン・ヨーテポリ集団失踪事件

造船工3人と美術学生1人が行方不明に。同じ日に起きた銀行強盗事件との関係は？

1965年7月29日、スウェーデン南部の港町ヨーテポリでゲイ・カールソン（当時22歳）、ヤン・オロフ・ダジョー（同21歳）、シュル・オーケ・ヨハンソン（同16歳）が行方不明となった。3人は共に地元の造船所で働く仲の良い仕事仲間で、この日は車でキャンプ地に行く予定だったらしい。ただ、当日の天候は雨。7月とは思えないほど肌寒く、およそキャンプには向かない日だったそうだ。

3人は、ダジョーの兄の青い車ボルボPV444に乗っている姿を目撃されたのを最後にこつ然と姿を消す。全員が無免許で、時折軽犯罪にも手を出す小悪党だった。が、同時に真面目に仕事をし、家族や友人には気のいい青年たちでもあった。彼らが失踪する理由は見当たらず、現金や財産も全てそのまま残っていた。特にヨハンソンは数ヶ月前に父親になったばかり。妻子を残して自ら姿を消すなどありえないことだった。

同じ日、ヨーテポリでもう1人、失踪した人物がいる。ストックホルムの美術学生ヒュブナー・ルンドグヴィスト（同18歳）。彼はヨーテポリの南にあるトレコーブで夏の休暇を過ごしていたが、この日の朝「リューセヒールに行く」と言い残して1人で出かけていた。ヨーテポリはリューセヒールとトレコーブの中間地点。ルンドグヴィストは途中でヨーテポリに立ち寄り、家族に「すべて順調、心配しないで」と書いたポストカードを投函している。が、これ以

左からゲイ・カールソン、ヤン・オロフ・ダジョー、シュル・オーケ・ヨハンソン。同じ造船所で働く仕事仲間で友人同士だった

降、彼の消息は一切途絶えてしまう。

4人の失踪は違う時期にバラバラに警察に届けられたため、当初は集団失踪事件と考えられていなかった。が、その後の捜査でルンドグヴィストがボルボに乗り込んだとの情報が得られ、4人は同じくして行方不明になったものと見られている。また失踪後の数年後にカールソンやルンドグヴィストについて目撃証言があったものの、それが本当に当人だったのかはわかっていない。

果たして4人はどこに消えたのか。実は失踪後のある日、カールソンのアパートでは不気味な男が目撃されている。カールソンの妹がアパートを訪ねたところ、目的の兄はおらず、代わりに見知らぬ男が部屋にいて、男はカールソンのセーターを着ていたという。妹が兄の行方を尋ねると、男は「パブ地区にいるだろう」と答えたそうだ。後に警察はこの男を捜したが、結局見つけられなかった。

そしてもう一つ、事件の謎を解く鍵と言われているのが、失踪当日の7月29日、ヨーテポリで起きた銀行強盗事件だ。この日の14時過ぎ、ヨーテポリの銀行に2人組の強盗が押し入った。1人は銃を持って行員を脅し、ブロンドのカツラに女性ものの服という奇妙な格好をしたもう1人がカウンターに置かれた金を奪ったが、人質の反撃に遭い、片方は足を撃って怪我をした。逃げ出した強盗たちは近所の川まで行くと、服を脱ぎ捨ててダイビングスーツ姿となり、川に飛び込んで姿を消した。彼らは「カエル男強盗」と呼ばれ町は大騒ぎとなったが、犯人グループは後に逮捕されている。

一部報道によれば、失踪した4人がこの事件に何らかの形で関わり、意図的に消された可能性があるというのだ。彼らが強盗事件の協力者だ

同じ日に失踪した美術学生ヒュブナー・ルンドグヴィスト（左）と事件の舞台となったヨーテポリ（1965年当時）

失踪当日に起きた銀行強盗犯が捕まった際の写真。
4人の失踪と関係ありとの見方も

ったか、あるいは何か重大な事実を知ったり目撃してしまったかはわからない。が、奇妙な銀行強盗事件と同じ日に、同じ町で4人もの若い男性が姿を消したことは偶然とは思えないのも確かである。

失踪者の1人の名前から「ダジョー事件」とも呼ばれるこの事件はスウェーデンでは最も有名でミステリアスな集団失踪事件で、55年以上が経過した現在もネットではその真相について議論を交わされ、家族たちは消失した彼らの帰りを待っているという。

庄山仁くん失踪事件

本人の制帽を持って自宅に現れた男と、父親宛に届いた強盗を詫びる手紙の謎

１９６９年2月23日14時過ぎ、長崎県佐世保市の中2男子生徒、庄山仁《しょうやまひとし》くん（当時14歳）が「ちょっと町へ行ってくる」と親に告げ、制服制帽姿で自宅を出た。それから4時間半、完全に日も暮れた18時30分頃、近所のクリーニング店に勤務する当時24歳の男性Aが仁くんの家を訪ね、驚くべきことを告げる。

――今日15時30分頃、市内の道路の側溝に車輪を落としたバイクを2人の少年が引き上げようとしていた。自分も手伝おうとジャンパーを脱ぎ、道路脇に置いたところ、少年の1人がジャンパーを奪って逃げ、もう1人も後に続いた。盗まれたジャンパー内には現金46万円が入っていた。慌てて遅れた1人を追いかけ、ズボンのポケットに挟み込まれていた制帽を取ったが、結果的に2人とも逃がしてしまった。制帽には名前が書いてあり、それをたどり自宅にやって来た――。

男が手にしていた制帽は確かに仁くんのものだった。わけのわからない話に家族は戸惑うと同時に、その後も一向に帰宅しない仁くんの身を案じ警察に通報。捜索が始まった翌日、仁くんの父親宛に1通の手紙が届く。

「前略　心配かけてすみません。悪い友達にさそわれて、人のお金をとりました。中には四十万以上も入っていましたが、僕は少ししかもらっていません。学校の方は、僕の気持ちが

おさまるまで、病欠にしておいてください。すぐに帰っておわびいたします。どうかさがさないで下さい。仁」

強盗事件を詫びるその手紙は後の筆跡鑑定で本人直筆のものと判明したが、仁くんは真面目でおとなしく、クラスの風紀委員も務めていた級友の信頼も厚い生徒。とても悪事に手を染めるとは思えず、手紙が彼が絶対に使わない「前略」で始まっていることもあり、誰かに無理やり書かされた可能性が高かった。

疑わしきは、仁くんの家を突如訪問した男性Aである。そもそも男の言う強盗事件は存在したのか。白昼の街中で起きた事件なのに目撃者がいない。少年たちが、なぜジャンパーに大金が入っていることに気づいたのか。現場検証の結果、バイクが側溝に落ち込んだ跡もなかった。さらに、Aの素性を調べたところ、わずか4ヶ月前、2年間の少年刑務所を仮出所してクリーニング店で働き出したことが判明。そんな男が46万円の大金を持っていたとは到底信じがたい。警察は公開捜査に踏み切るとともに、Aを重要容疑者としてウソ発見器にかけるなど徹底的に調べたが、決定的な物証は見つからずクロと断定するまでには至らなかった。では、なぜAは手のこんだ真似をしたのか。警察内部では、やはりAが仁くんを誘拐したとする意見と、Aが短時間で一連の事件を仕組むのは困難とする意見に二分されたそうだ。

２０２３年４月現在、仁くんの行方はわかっておらず、事件は未解決のままである。

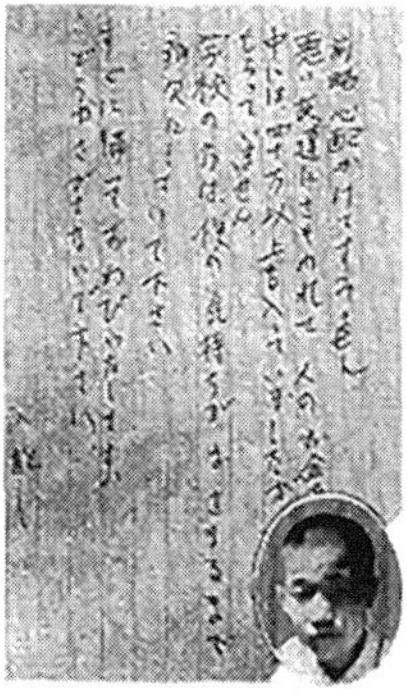

失踪翌日、父親宛に届いた庄山くん直筆の手紙。写真の少年が庄山くん本人

カート・ニュートン失踪事件

三輪車に乗ったままキャンプ場から消えた4歳の男の子

1975年8月31日、米メイン州マンチェスター在住の家族4組が、カナダ国境に近いキャンプ場へ出かけた。当日、最も先に現地に着いたのはロン・ニュートンと妻ジル、娘キンバリー（当時6歳）、息子カート（同4歳）の4人。彼らはキャンプ場に着くと、川で釣りをしたり付近をハイキングするなどアウトドアを満喫。ほどなく友人の家族3組が到着し、夜にはキャンプファイヤーを囲み皆で夕食を共にした。

翌9月1日、家族で朝食をとった後、ジルは子供たちの服を洗濯するためにキャンプ場の洗い場へ、ロンは車で薪《まき》を取りに行った。午前10時頃のことだ。ほどなく、ニュートン家の近くでテントを張っていた友人家族が、三輪車に乗ったカートが父親の車の後を追うかのように道路に降り先に進んでいく姿を目撃する。小さい子供が1人でキャンプ場を離れるのは少し不自然だったが、特に気に止めることはなかった。

ジルは10分ほどで洗濯から戻ってきた。カートがいないことはわかったが、夫の車に乗って一緒に出かけたのだろうと何の疑問も抱かなかった。まもなく夫のロンが戻ってくる。助手席にいるはずのカートの姿がない。夫婦はここで初めて息子が行方不明になったことに気づいた。

慌てて周囲の人々にカートを見なかったかどうかを尋ね歩いたところ、キャンプ場の管理人が少し離れたゴミ集積所の付近に、新品の三輪車が放置されていることを夫妻に申し出た。すぐに確認すると、間違いなくカートの三輪車だ。さらに隣接するキャンプ場にいた管理人の娘が、三輪車で山道を走る小さい男の子を見たことも判明。それ以降の目撃証言は一切なかった。

警察は捜査員、ボランティア数百人を動員し、ヘリコプターで空からの捜索も行った。高性能の熱検知器と大音量の拡声器を用意し、優秀な追跡犬も捜索に加わった。地元メディアも大々的に事件を報じ、付近の住民には目撃証言を求めるチラシも配布された。が、時間が経つほどに天候が悪化し、捜索は徐々に困難になっていく。追跡犬も付近を堂々巡りするばかりだった。その後も、計3千人以上がカートを捜したが、手がかりは皆無。捜索は9月13日に打ち切りとなる。

まさに神隠しのように消失したカート。両親は何者かに誘拐された可能性もあると主張したが、人里離れたこの一帯でキャンプ場関係者以外の車両が通行した痕跡は残されていなかった。また、獰猛《どうもう》な野生生物に襲われて連れ去られた可能性も検討されたが、カートの血痕もなければ大型動物の足跡も見つからなかった。いったいカートはどこに消えたのか。現在も謎は解明されていない。

神隠しのように失踪したカート・ニュートン

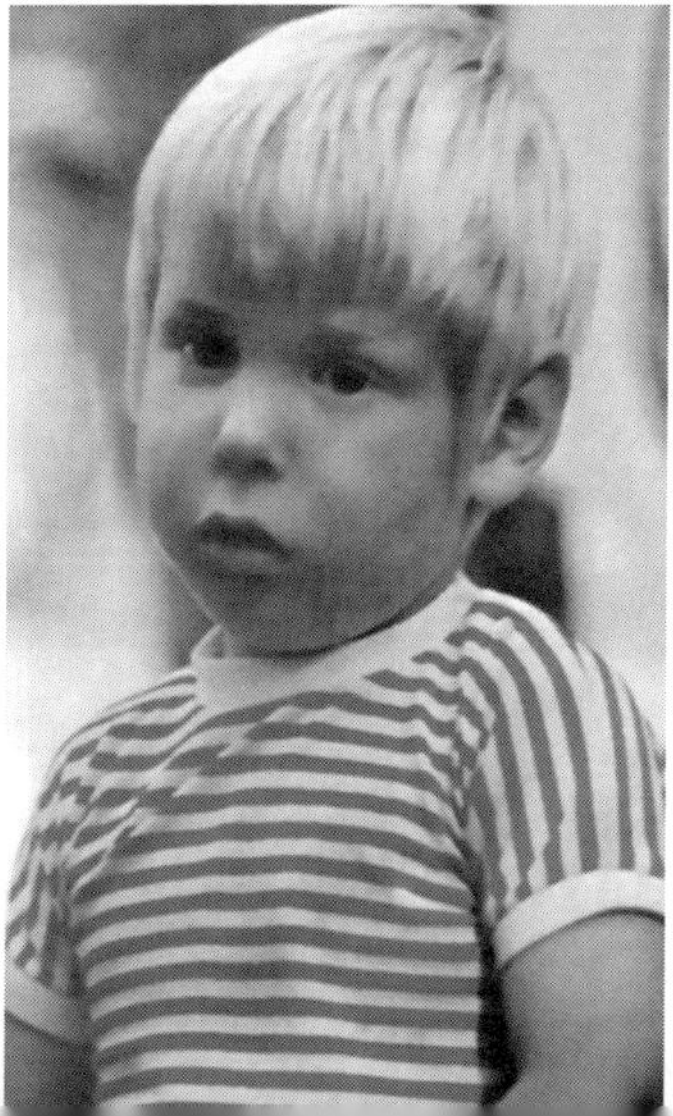

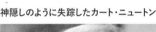

サロモン一家失踪事件

主の投資相手の男が殺人罪で逮捕・起訴されるも証拠不十分で釈放

1982年10月12日、米カリフォルニア州ノースリッジの郊外に居を構えるサロモン一家全員が行方不明となった。家族構成は、イスラエルからの移民である夫ソル・サロモン（当時35歳）、妻エレイン（同39歳）、息子ミッチェル（同9歳）、エレインの連れ子ミシェル・ホックマン（同15歳）の4人。一家の主ソルは消火器関連の仕事に就いており、傍目にはごく普通の家族に思えた。

この日、エレインの両親が一家を訪ねていた。夫ソルがハーベイ・レーダーという仕事関係の男と一緒に、車のオークションに行くと家を出たのが18時30分頃。両親が22時30分頃に帰った後、エレインが友人に電話をかけ「夫の仕事仲間が家に来た」と告げたが、これを最後に連絡が取れなくなる。心配した友人がエレインの近隣住民に知らせ、翌13日の夜、ソロモン家の様子を確認したところ、ドアは施錠され中は真っ暗だった。家のプールの水が溢れ隣の庭まで水浸し。ソル所有のワイン色のロールスロイスと彼の仕事用のバンは庭に停められていたが、ベンツだけが消えていた。

異変を感じた住民の調べで、この日、誰もサロモン一家を見ていないことが明らかになった。妻のエレインはクリニックでボランティアのカウンセラーをしていたが姿を見せず、息子と娘の2人とも学校に行っていなかった。人々は、サロモン一家が何かトラブルに巻き込まれた可

行方不明となったサロモン一家。左から娘ミシェル・ホックマン(ソルの妻エレインの連れ子)、妻エイレン、夫ソル、息子ミッチェル

能性があると警察に通報する。

ほどなく当局が現場の屋内を捜索したところ、娘ミシェルの部屋で、枕カバー、シーツ、ベッドカバーがベッドから無くなっており、寝室の壁とマットレスに小さな血しぶきが付着。さらにカーペットが床から切り取られバスマットで覆われていることを確認する。そして4日後の17日、サロモン家から約25キロの人里離れた高速道路沿いにソルのパスポート、財布、写真が捨てられていることが判明したことで、警察はサロモン一家が誘拐され殺害された可能性があるとして本格的な捜査に乗り出す。

警察が最も怪しいと睨んだのが、ソルが最後に会った自動車販売店経営のイギリス人ハーベイ・レーダーだった。ソルはレーダーの事業に投資していたのだが、警察の調べで、レーダーがイギリスで12件もの有罪判決を受け数回服役、武装強盗やサウジアラビアの実業家の邸宅への放火保険金詐欺計画にも関与している人物と判明した。さらに、警察が尋問するためにレーダーの家を訪ねた際、車庫でソルの行方不明のベンツが発見され、ますますレーダーへの疑いは強まる。

取り調べに対しレーダーは、次のように供述した。ソルに会った夜、ソルのバンで車のオークションに行った後、彼に頼まれたイスラエル料理店でソルを降ろした。その後、ソルの家までバンで向かい、妻エレインからベンツの鍵を受け取り、修理のために自分の店に持っていった。自分はソルの失踪とは何の関係もない。ソルの正体はイスラエル製の短機関銃、リボルバー、自動拳銃を売る密売屋である――。

しかし、警察の裏付け捜査で、彼らが家を出た18時30分頃にはすでに車のオークションは終了し、ソルを車から降ろしたというレストランはその夜閉まっていたことが発覚。レーダーは明らかに虚偽の供述を行っていたが、彼が事件に関与している物的証拠はなく警察はそれ以上、レーダーを追及することはできなかった。

それから1年が過ぎた1983年10月、警察はレーダーのいとこ、アシュリー・ポールという男から連絡を受け、興味深い話を聞かされる。なんでもポールは、1982年10月12日にレーダーと何人かのイタリア人共犯者がソルと彼の家族を銃殺したのを目撃し、彼らが砂漠に一家の遺体を埋めるのを手伝ったのだという。殺害動機はソルがレーダーに依頼していた投資をめぐるトラブルで、他家族3人もその巻き添えになったとのこと。また、ポールはレーダーが

1982年3月に行方不明になった英国人夫婦の失踪にも関係していると証言。しかし、ポールの語る、夫婦の遺体が埋められた場所を捜索しても何も発見されず、その後4回にわたるウソ発見器テストにも失敗。警察はポールの証言には信ぴょう性はないと判断しつつも、レーダーが事件に関与していることは間違いないとして、彼をパスポート詐欺の容疑で逮捕し、その後、サロモン一家を殺害した殺人罪で起訴するに至る。

しかし、公判の維持は極めて困難だった。ポールが警察に告げた地域を集中的に捜索し、レーダーの自動車販売店内部や周辺、床下まで掘り返されたが、ソロモン一家の遺体は見つからなかった。全ては状況証拠。レーダーは限りなく怪しいと睨まれながらも2度の無効審理を経て釈放され、事件はそのまま迷宮入りとなった。

サロモン一家が暮らしていた米カリフォルニア州ノースリッジの住宅

宮城県川崎町3歳女児行方不明事件

祖父が知人と立ち話をしていた2、3分の間にこつ然と消失

1983年11月1日夕方、宮城県川崎町に住む澁谷《しぶや》喜代治さんは、同町内の保育園に預けている孫の美樹《みき》ちゃん（当時3歳）を迎えに行くため車で自宅を出た。彼女の父親は運転手、母親は看護師として働いているため、美樹ちゃんの迎えは喜代治さんの役目だった。

保育園が終わり、迎えに来ていた祖父の車の助手席に美樹ちゃんが乗ったのが16時30分頃。自宅までの帰り道、喜代治さんは道路脇に知人を見つけて車をいったん停車させる。美樹ちゃんに車内で待っているよう伝え、2、3分ほど知人との農作業の打ち合わせを行い車に戻ると、助手席にいるはずの美樹ちゃんがこつ然と消えていた。そのとき助手席のドアは40センチほど開いていたという。慌てた喜代治さんは知人と共に必死に周囲を探したものの見つからず、大河原《おおがわら》警察署に「孫がいなくなった」と届け出る。

警察の調べで、喜代治さんが車を停めた近くに6メートルほどのスリップ跡があるのが見つかった他、路上から美樹ちゃんと同じO型の血痕が発見された。また、畑で喜代治さんが知り合いと話している近くで農作業していた女性が車から降りて車の前に立ち祖父の方に目をやる美樹ちゃんの姿を見ており、また、別の人間は喜代治さんの車から15メートルほど離れた場所に薄茶色の車が停まっていて、車のそばに立つ30歳前後の男女を目撃していた。薄茶色の車は現場から400メートル先の路上でも猛スピードで走り去る姿が対向車の運転手によって目撃

されているそうだ。

当初、警察は現場から見つかった血痕やタイヤのスリップ痕から美樹ちゃんが1人で車外に出て交通事故に遭い、そのまま連れ去られたとする交通事故説の線で捜査を進めてきたが、捜査資料の再検討の結果、薄茶色の車の所有者か、その関係者が交通事故を装い計画的に美樹ちゃんを連れ去った疑いを強める。

その後、1人の人物が捜査線上に浮かぶ。当時、川崎町で飲食店を経営していた31歳の男。美樹ちゃんの父親と同級生だったこの男は、事件のあった時刻に、美樹ちゃんの家から約1キロ離れた酒屋に仕入れに行くため猛スピードで車を走らせていた姿を目撃されており、事件後、その車とは別の車に買い換えていた。男は警察から何度も事情聴取を受けたものの、事件との関与を頑に否定。ほどなく行方をくらましたそうだ。

捜査は完全に行き詰まった。警察関係者によれば、その原因は川崎町の住民がほとんどが親類縁者で、本当の事をなかなか話さず、正確な情報が得られなかったことにもあるらしい。果たして、美樹ちゃんはどこに消えたのか。家族は現在も、彼女の帰りを心待ちにしている。

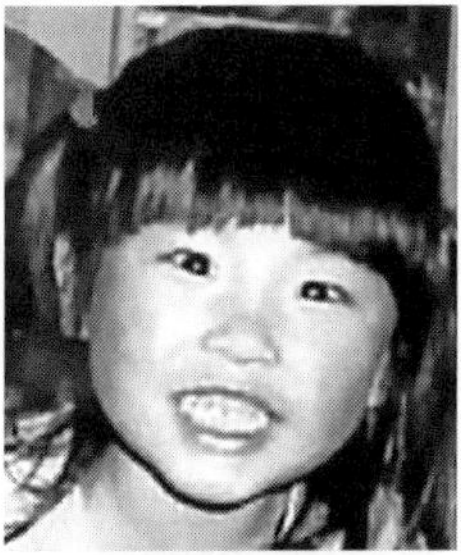

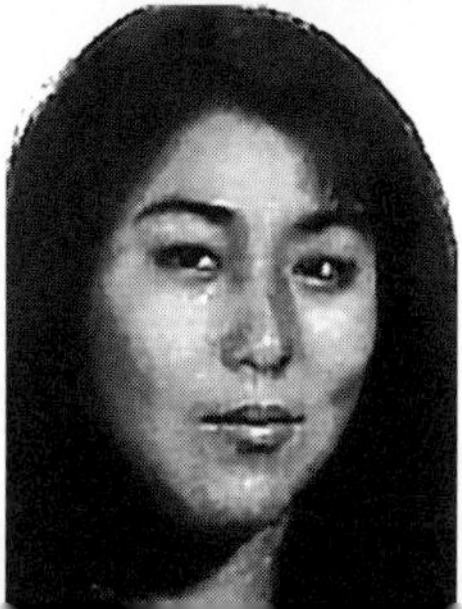

澁谷美樹ちゃん。下は2001年に大河原警察署が作成した、21歳になった彼女の予想モンタージュ写真

リンダ・シャーマン失踪事件

行方不明から5年後、本人の頭蓋骨発見。元夫に殺人容疑がかけられたが…

1985年4月22日、米ミズーリ州ビニータ・パークに住む当時27歳の女性リンダ・シャーマンが行方不明となった。彼女は高校在学中の1976年、交際していた1歳上のドンとの間に子供を授かったことで結婚。その後、娘パティの子育てと仕事に励んでいたが、夫ドンの嫉妬深い性格と束縛、暴力に耐えきれず、失踪前日に自分の両親や兄弟に離婚の意思を固めたことを報告していた。離婚に関してはこれまで何度も夫に申し出ていたものの、いつも説得されうやむやになっていたが、今回の決意は固かった。

娘パティによれば、22日の朝目覚めると、母リンダは居間のソファで横になっていたそうだ。夜勤から帰宅し、そのまま寝てしまったらしい。学校へは父ドンが車で送ってくれることになったが、いつもは夜勤終わりでも必ず自分を送ってくれた母が目覚めないことに、パティは違和感を覚えたそうだ。

そして、これを最後にリンダの姿は消失する。ドンは、リンダが他の男と駆け落ちしたと主張し、捜索願を出すことを渋ったが、リンダの家族に促され2日後の24日に警察に届を提出。警察の捜査の結果、さらに2日後の4月26日、空港のパーキングに駐車してあるリンダの車が発見された。ただし、どの飛行機にもリンダが搭乗した記録は残っていなかった。

リンダが娘を置き去りに他の男と逃げるわけがない。彼女の家族は確信していたがその行方は杳としてしれず年月だけが過ぎていった。そして失踪から5年が経った1990年6月28日、事態は大きく動く。リンダが暮らしていた地元ビニータ・パークのレストランの植え込みから成人女性と思しき人間の頭蓋骨が発見されたのだ。しばらくは身元不明だったが、1年後の1991年9月6日、警察に届いた「警察はL・シャーマンの頭蓋骨を持っている」と書かれた手紙とレストランのチラシが入った差出人不明の封書から歯科治療記録が照合され、頭蓋骨がリンダであると判明した。

警察は妻の殺害容疑で、当時すでに別の女性と交際していたドンを徹底的に追及する。が、彼は頑なに事件との関与を否定。物的証拠もなかったため逮捕されることもなかった。その後、ドンは1994年に再婚、2015年に他界したものの、当時を知る人は誰もがドンこそがリンダを殺害した犯人で、娘のパティがソファで横になっているリンダを見たとき、すでに彼女は死んでいたと確信しているという。

2023年4月現在、リンダの他の遺体は見つかっておらず、事件も未解決のまま宙吊りになっている。

左から失踪したリンダ（1985年4月当時27歳）、娘パティ（同9歳）、夫ドン（同28歳）

ファン・ペドロ消失事件

対向車と正面衝突し両親は死亡。息子の遺体だけが見つからない

1986年6月24日19時頃、スペインの地中海に面する港湾都市、カルタヘナに住むベテラントラック運転手のアンドレス・マルチネスが、妻カルメン・ゴメスと10歳の息子ファン・ペドロをトラックに乗せ自宅を出発した。2人を同乗させたのは、バスク州北部のビルバオで積み荷の硫酸5千200ガロン（約2万4千リットル）を降ろした後、この地の周囲で家族旅行を楽しむ計画があったからだ。しかし、夜通し走った疲れもあってか、翌朝5時30分に家族で食事をとって以降、アンドレスの運転は乱雑になり、峠道の下りで突如スピードを上げ始める。そして、1台の対向車と正面衝突。一家の乗ったトラックは横倒しになりアンドレスと妻カルメンが即死する。遺体は積荷の硫酸を浴びており一部が溶解していたそうだ。

現場検証の結果、不可解な事実が明らかになる。一緒に乗っていたはずの息子ファンの遺体が見つからないのだ。トラックに2人の成人男女と少年が乗車していたことは、複数の目撃証言から明らか。いったいファンはどこに消えたのか。事故の状況から生きて現場から逃げたとは到底考えられない。一方、大量に硫酸を浴びて遺体が完全に溶解してしまったという見解も、事故発生からの経過時間を考えると現実的ではなかった。

捜索隊は警察犬やヘリコプターを使い、現場から半径18マイル（約29キロ）の範囲を数百人のボランティアを動員して徹底的に調べたがファンの痕跡は皆無。一方、聞き込み調査により、

消えた少年ファン・ペドロと事故現場

事故直後に白いバンに乗った2人の白人男女が現場にいたことが複数目撃されていることがわかった。女性は自称看護師で、現場の近くで車を停めていたドライバーに医療援助が必要かどうかを聞いてきたという。また、カップルの男は倒れたトラックの室内からパッケージらしきものを取り出していたそうだ。

ファンがなぜ消えていなくなったのか。謎は未だに解けていないが、有力なのは、アンドレスが裏で麻薬の密売を行っており、敵対する業者に追われている途中に事故に遭い、敵対ファンだけが車内から敵対業者にさらわれたとする説だ。アンドレスの運転がスピードを上げて危険なものになった説明にもなり、白人カップルが回収したパッケージが麻薬であったとすれば辻褄《つじつま》が合う。それでも、ファンだけを拉致する理由はわからない。そもそもファンは生きていたのか。真相は闇の中だ。

三重県多気郡高3女子行方不明事件

本人の毛髪が発見されたワゴン車を所有する男が逮捕されたが不起訴処分に

1997年6月13日20時過ぎ、三重県多気《たき》郡明和町《めいわちょう》に住む松阪工業高校3年生、北山結子《きたやまゆうこ》さん（当時17歳）がアルバイト先の学習塾から帰宅途中に行方不明となった。普段は、母親が軽トラックで同じ塾に通う弟を送ってきた際に結子さんが乗ってきた自転車を荷台に載せて持ち帰り、塾が終わる頃、再び迎えに来た母親が運転する車で3人一緒に帰宅していた。が、この日は軽トラのガソリンが不足し、普通乗用車で弟を塾に送ってきたため、母親と弟が車で、北山さん一人が自転車で帰宅することになった。この後、彼女は自分の家で一緒にテスト勉強をする予定にしていた中学時代の友達を迎えに行くため、塾から少し離れた道で母親の運転する車と別れ、公衆電話から友人に「あと10分ほどで着く」と連絡している。が、彼女が待ち合わせの場所に現れることはなかった。

23時頃、友達から「結子が来ない」と電話が入り、家族は初めて娘に異変が生じたことに気づく。当時はポケットベルが高校生の必須アイテムで、家族や友人らが一帯を捜すとともに、何度も北山さんのポケベルを鳴らす。ただ、彼女が事件に巻き込まれた可能性があるため、不用意に自宅の電話番号を入れるのは危険と判断して、ほとんどの友人は「デンワシテ」「ドコニイルノ」などとメッセージだけを送り続けた。が、反応は一切なく、深夜2時頃、家族は松阪警察署に通報する。

事は3日後の16日に大きく動く。北山さんを心配するなかに、彼女のポケベルに電話番号を入れ続けていた友人がいた。と、この日、何度か彼女の自宅に電話がかかってきた後、初めて電話の相手が男の声で話しかけてきた。友人が「結子、どこにおるの？」と尋ねると「俺は知らない」「このポケットベルは拾ったもの」と返答。さらに次の電話で「北山さんを駅まで送った」「北山さんにお金を貸したので、引き換えにポケットベルを預かった」などと話した。

その後も男からの電話は続き「おまえと会いたい」と言ってきたことから友人は警察に連絡するとともに、20日、警察が周囲を包囲している中、男が指定した松阪市船江町のショッピングセンター「マーム」に北山さんの母親と訪れる。しかし、男が現れることはなかった。

アルバイトから帰宅途中に失踪した北山結子さん

5日後の25日、再び男から友人に「ポケベルを返すから取りに来い」との電話が入り、彼女は指定された一志《いちし》郡三雲町《みくもちょう》のバス停に向かう。と、そこに1台のグレーのポケベルが。北山さんが普段がベルに付けていたハローキティのキーホルダーこそ外れていたものの、それは間違いなく北山さん所有のものだった。

27日、男から「ベルは受け取ったか？」と連絡が入る。この電話で警察は逆探知に成功、発信元である公衆電話の前にいた男を逮捕する。当時、松阪市茶与町《ちゃよまち》に住んでいた露天商手伝いのT（46歳）。婦女暴行や強盗などの罪で収監され、懲役12年の刑に服して出所してきたばかりで、その犯行手口は自転車に乗っている女性に体当たりして転倒させ、乱暴したうえで金品を奪うという卑劣なものだった。

その後の警察の調べで、数多くの証拠が集まる。北山さんの友人宅にかかってきた声とTの声紋が一致し、Tのワゴン車からは北山さん本人の毛髪100本、友人のポケベル番号が書かれた漢字辞書、北山さん所有のハンカチなどが発見された。さらに、男のワゴン車の左前方には傷がありウインカーのプラスチック部分が破損していた事実、北山さんが友人に「白いワゴン車に付け回されて怖い」と話していたこと、加えて彼女が一緒にテスト勉強をする予定だった友人に電話をかけた6月13日の20時過ぎ、Tが持つワゴン車と同一車種・同一色のワゴン車が、北山さんが使っていた公衆電話に横付けされていたとの目撃証言も得られた。Tが北山さんの失踪に関与していることは間違いなかった。

警察はTが北山さんを誘拐、車に拉致し、どこかに監禁しているかすでに殺害したものとして徹底的に取り調べた。しかし、Tは「ポケベルは拾った」「女子高生に近づきたかったから（北山さんの）友人に電話を何度もかけた」と供述し、北山さんに関する犯行は一切否認。結局、警察は自供の得られぬまま起訴をあきらめ、逮捕から約3週間後の7月18日にTを釈放する。車内から北山さん本人の毛髪が発見されたことが決定的と思われたが、理由は「証拠不十分」というものだった。この納得し難い結末に、一部メディアはTが被差別部落出身で、さらに人権派弁護士が付いたことが影響していると報じた。

２０２３年４月現在、北山さんの行方や、彼女の居場所を知る人物は特定できていない。事件発生からすでに26年。毎年６月には警察や両親が情報提供を呼びかけるためビラ配りなどを行っているが、捜査に進展があったという情報はない。

北山結子さんを探しています！
北山結子さん（当時17歳）
不明日時　平成9年6月13日（金）午後8時30分ころ
場　所　　三重県多気郡明和町内
アルバイト先での仕事を終え、母親に「近くの友人の家に遊びに行く。」と言って、自転車で出かけたまま、所在不明になっています。
◆ 身長　150cmくらい
◆ 体格　小柄
◆ 頭髪　おかっぱ
◆ 服装
・ 上衣　白色半袖ブラウス、黒色ベスト
・ 下衣　黒色スカート（ひだ入り）
白色ルーズソックス
・ 靴　黒色布製、白色紐付
サイズ23．5cm
◆ 所持品
・ ショルダーバッグ（黒色ビニール製）
財布（二つ折り、水色、ビニール製
キャッシュカード（百五銀行、本人名義）
定期券（近鉄発行、斎宮駅～松阪駅）
弁当箱（黄色で蓋が白色、プラスティック製）
鏡、くし、ハサミ（柄が赤色）
同型品
・縦約30cm、横約50cm～60cm
・ハート型の革が縫いつけてあり「as Know as」の文字が入っている
ブリヂストン製　男女兼用車
塗色　黒色、一文字ハンドル、前カゴ付き
車体番号　C559004
防犯登録　17A－02354
【その他の特徴】
・前輪泥よけ下部に、自宅電話番号（黄色シールに黒字）
・サドル下部フレームに「多気郡明和町山大淀　北山結子」と記載（白色シールに黒字）
どんな情報でもお寄せ下さい！
連絡先　三重県松阪警察署 TEL　0598-53-0110
2020．6作成

北山さんの情報提供を募るチラシと三重県警の職員

北山結子さんを探しています！
北山結子さん（当時17歳）

スイス日本人女性失踪事件

マッターホルンのふもとから消失。北朝鮮に拉致された疑いも

２０００年9月12日、東京都府中市の元派遣社員佐藤順子《さとうじゅんこ》さん（当時28歳）がスイスのマッターホルンのふもと、ツェルマットで行方不明となった。佐藤さんは同年6月末、海外旅行のため会社を退職。7月4日に友人と2人で成田空港を出発、イギリスを経由した後7月下旬からスイス入りし、その後は1人で北欧やドイツなどを旅行、9月8日に再びスイスを訪れていた。

佐藤さんはユースホステルに宿泊しており、最後の目撃者は失踪当日の朝、食事を共にした女性だった。部屋にリュックサックを残したまま（パスポートや現金、カードなどは入っておらず、身につけていたとみられる）姿を消した彼女に覚えのある宿泊客は他におらず、誰もが気に止めることはなかった。その後、ユースホステル側が佐藤さんの不在に気づいたものの、別の客の「16日まで戻らない」というメッセージを佐藤さんのものと勘違いし、当初は警察に通報することもなかった。

やがて、いつまでも帰ってこないことを案じユースホステルが地元ツェルマット警察署に届け出るも、当局は彼女が遭難事故に遭ったものとして早々に捜査を打ち切ってしまう。しかし、外務省の働きかけで失踪翌年２００１年9月から再捜査・捜索が行われた。

警察の調べで、旅行中、佐藤さんが毎日欠かさず日記をつけていたにもかかわらず、失踪前日の9月11日の日記には全く記載がないことがわかる。失踪当日の9月12日は好天であり、一般的に旅行者が行動する範囲には遭難しそうな場所は存在しない。また、佐藤さんは前日、足に血マメができており、ハイキングなどは不可能だったことがわかった。

さらに、9月20日から29日にかけて東京の佐藤さんの自宅に決まって日本時間の朝8時30分、無言電話が計5回かかってきていたことが判明。最初の電話では、受話器の向こうから日本語ではないと思われる話し声が聞こえ、その他の無言電話についても、声をかけるとすぐに切れてしまったり、出た途端に切れてしまったそうだ。

その後、外務省は佐藤さんが北朝鮮によって拉致された疑いもあるとして、特定失踪者リストに入れたが、現在に至るも消息は不明のままだ。

佐藤順子さん。生きていれば2023年4月現在50歳

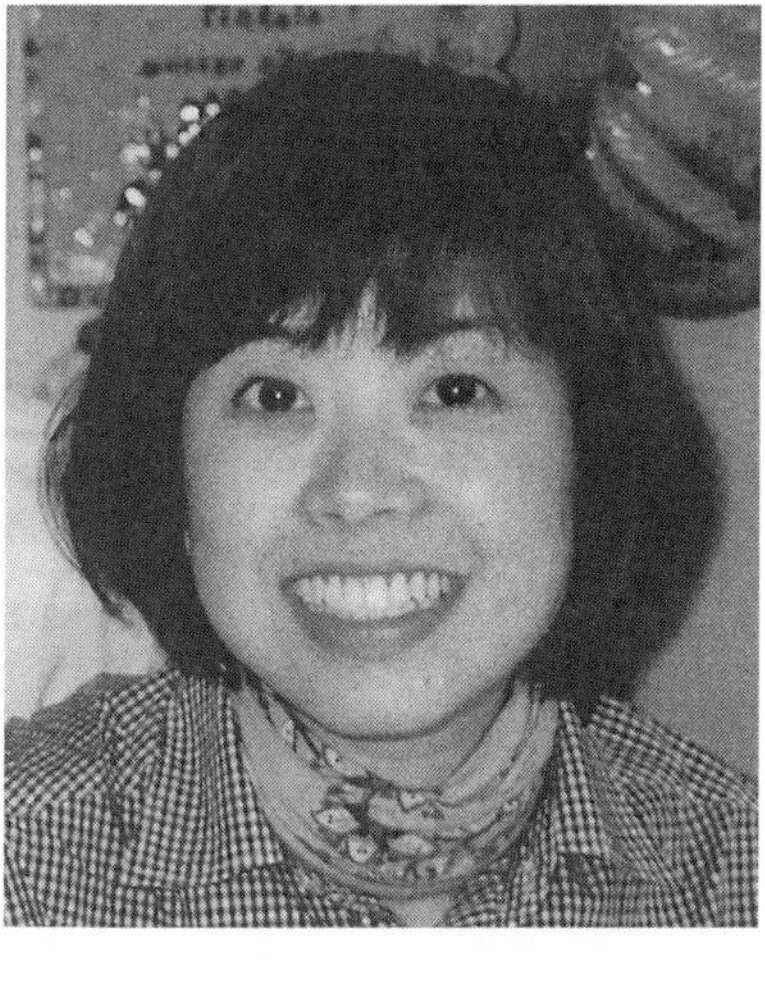

ユリア・ブローツカヤさん失踪事件

背後にちらつくロシアン・マフィアの影

2001年7月3日未明、北海道稚内《わっかない》市の貿易会社事務所に勤務していたロシア人女性ユリア・ブローツカヤさん（当時19歳）が、会社社長の知人のロシア人男性ら数人と同市内で酒を飲んだ後、社長の車に乗って買い物に出かけたまま行方不明になった。彼女はサハリン出身で高校生の頃来日、2年間ほど札幌の学校に通い日本語を学んだ後、いったん帰国し、2001年6月から前記の会社に通訳見習いとして住み込みで働いていた。

通報を受けた稚内署では当初、車の運転を誤って海に転落した可能性が高いと、稚内港を中心に捜査したが手がかりは無し。その後、パスポートを含む貴重品のほとんどが残されていることから本人の意思で姿を消したとは考えにくいと推定し、何者かに拉致・監禁された可能性もあるとみて捜査を開始した。

ユリアさんが失踪する直前の6月14日、同市内で一つの事件が起きている。会社事務所で発砲事件があり、ロシア人男女ら3人が死傷したのだ。犯人はわかっていないが、被害者女性の1人が「犯人はロシア語を話す男」と話したことからロシアン・マフィアの関与が指摘され、さらにユリアさんの知人が「彼女は射殺された男性と顔見知りだった」と証言。ユリアさんがこの事件に巻き込まれ失踪した可能性も浮上したが、捜査が進展を見せることはなかった。

ユリアさんの失跡をめぐっては、複数の不可解な電話が取りざたされている。まず、彼女が行方不明になった直後の7月半ば、サハリンの実家や姉の嫁ぎ先に日本人と思しき女性から電話があった。家族は日本語がわからないため、内容まで理解できなかったが、両親は「姉の電話番号を知っているのはユリアしかいない。娘がその女性に何かを託した」と話したそうだ。また月末にはユリアさん本人と思われる女性から小、中学の同級生宅に電話があり、「実家にかけたけど誰も出ない。ウラジオストク出身の女性と一緒に監禁されている」と泣きながら訴えてきたという。失踪翌年２００２年4月初旬にはサハリンに住むユリアさんの友人宅に女性の声で「イクトカ17番地にいる」という不審な電話が入った。「イクトカ」は地名と思われるが、調査の結果、実在しないことが判明。さらに彼女の誕生日である4月14日にはサハリンの祖母宅に無言電話がかかってきたそうだ。

これら不審な電話の真偽は定かではないが、本人らしき女性の電話の内容が正しければ、やはりユリアさんは失踪した夜、事件に巻き込まれた疑いが濃い。果たして真相が解明される日は来るのだろうか。

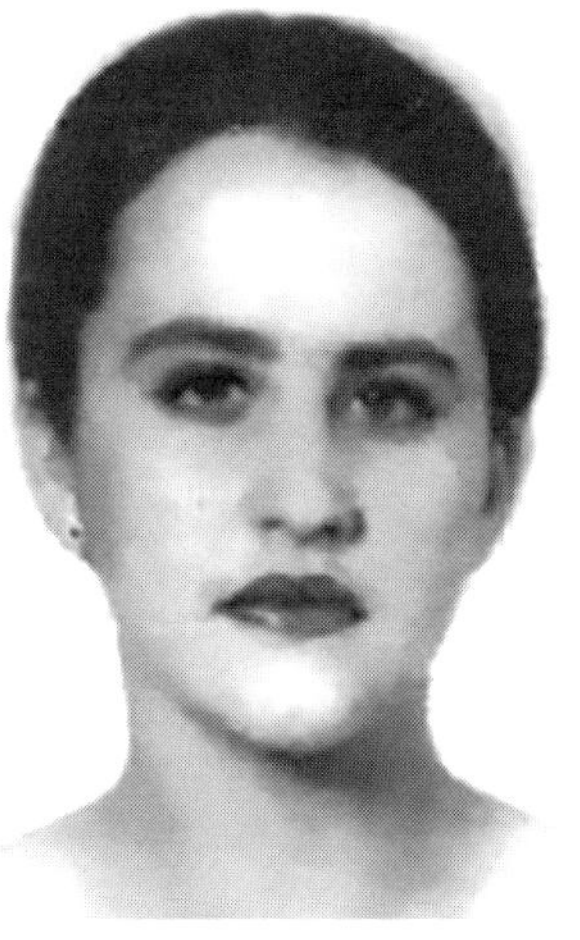

ユリア・ブローツカヤさん。失踪当時に公開された情報によれば、身長約172cmでやせ形、髪は黒、目は灰色、腹部にバラのタトゥーがあったという

広島県安芸郡府中町主婦失踪事件

自宅マンションに届いた、不倫相手と駆け落ちしたような手紙の謎

2001年9月24日、広島県安芸《あき》郡府中町のマンションに住む主婦・田辺信子《たなべのぶこ》さん（当時50歳）が失踪した。この日、信子さんは友人と外で昼食を共にする予定だった。11時50分頃、友人が信子さん宅に着き電話をかけると、「あー」という声だけが聞こえ数秒で切れてしまう。友人は不審に思ったが、信子さんがすぐに出てくるだろうと、そのまま車で待機した。ところが、10分以上経っても姿を現さない。そこで改めて電話をかけたところ、やはり「あー」「うー」といった悲鳴のような声が聞こえ数秒で切れる。いよいよ心配になった友人は信子さんの部屋へ向かったが、玄関ドアは施錠されており応答もない。友人は約束をすっぽかされたと思い、そのまま帰ってしまった。

同日19時過ぎ、友人は信子さんのことが気になり、当時労災により入院していた信子さんの夫に連絡を取ったうえ2人でマンションの部屋を訪れる。室内に信子さんの姿はなかった。部屋に荒らされた形跡はなく、干しっぱなしの洗濯物や夫に届けるはずだった着替えなどがそのまま残されていた。が、夫への見舞金である現金25万円や、カード類、携帯電話などが入った信子さんのバッグが失くなっていた。

5日後の9月29日、信子さんのマンションに差出人不明の1通の手紙が届く。

「私もやっと妻子と別れ、はれて信子と一緒になることが出来ました。ふたりを探さないで下

さい」

ワープロで、さも信子さんが不倫相手と逃げたような内容の文章が記されていた。しかし、信子さんと夫はおしどり夫婦として知られ、友人たちは彼女が決して不貞を働くような人物ではないと口を揃えた。

その後、マンションの防犯カメラから、信子さんが失踪した時間帯にエレベーターに乗った60歳前後の男が唯一人だけいることがわかった。が、同じ時間帯に信子さんの姿はエレベーターになかった。では、階段から外に出たのかといえば、そもそも信子さんは心臓の病気があり自ら階段を使うことは考えられない。では、どうやって彼女はマンションの外に出たのか。何もかも謎だらけだったが、警察は現場から争いに巻き込まれた様子は伺えなかったため、自発的失踪として処理。夫は失意のまま、ほどなく病死した。

いったい、信子さんはなぜ消えたのか。彼女の兄とその友人たちの推理によれば、夫方の親戚とのトラブルに巻き込まれたのではないかという。信子さんは夫方の親戚男性から、義父母（＝夫の両親）の遺産相続に関して脅迫を受けており、男性が信子さんの部屋に押しかけ「殺すぞ」などと怒鳴ったこともあったそうだ。つまり、夫方の親戚が、夫や義父母の遺産が信子さんに渡らないよう、愛人と失踪したかのごとく細工を施したというのだ。これが本当なら信子さんはすでにこの世にいない可能性も十分考えられる。果たして真相は…。

謎の失踪を遂げた田辺信子さん

リアナ・ワーナー失踪事件

友人宅からの帰宅途中、神隠しのように消えた5歳女児

米ミネソタ州セントルイス郡にある小さな町チザムに住むリアナ・ワーナー（1998年生）は明るく活発で、物怖じしない少女だった。父クリストファーと母ケーリンは共に再婚で、ワーナー家には互いの連れ子が4人。リアナは唯一両親から生まれた子供で、愛情深く育てられていた。

事件は2003年6月14日、リアナが5歳のときに起きる。この日、彼女は母ケーリンと5歳上の姉カーリーと朝から近所の湖畔で過ごし、バザーに立ち寄った後、16時30分前に帰宅した。丸一日外出していたこともあり母はリアナを寝かせようとしたが、元気な彼女は近所の友達の家に行くと再び家を出る。17時までに帰る約束だった。しかし、訪ねた友人宅は留守でリアナはそのまま自宅へ。17時から17時15分にかけ、家に向かう道を歩く彼女の姿が目撃されている。これがリアナが確認された最後の情報である。

一向に戻ってこないリアナの身を案じた母は、姉カーリーや付近の住民とともに近所一帯を捜すも、娘の姿はどこにもない。やがて父クリストファーが帰宅し事態を知り仰天。捜索に加わる一方、母ケーリーが20時30分頃、リアナが家を出て向かったはずの友人宅を訪ね家族を問いただしたが、返答は「今日、リアナには会っていない。そもそも私たちは今しがた外出先から帰ってきたばかりです」というものだった。両親は事態の深刻さを改めて思いしらされ、地

元のチザム警察署に通報した。

警察は事故と事件との両面を考慮し、地域一帯をくまなく捜索する。が、リアナの痕跡は見つからず、頼りの警察犬による調査も何の成果も得られず仕舞い。わかったのは、リアナの失踪が単なる迷子ではないということだけだった。

リアナが消えてから1ヶ月後、ロングイヤー湖のほとりで子供の足跡が見つかる。そこは、彼女が失踪した当日に母親らと一緒に出かけた場所。警察は湖を排水して捜索を行ったが、これまた手がかりは皆無。警察による正式な捜索は翌2004年の夏をもって打ち切られ、リアナの消息は不明のまま現在に至る。

リアナ・ワーナー。2003年の失踪当時、身長91センチから97センチ、体重約22キロ、21.7キロ。髪色はブラウンでボブカット、瞳はダークブラウンだった

警察は当然、リアナが何者かに拉致、殺害され、遺体を隠された疑いもあるとみて、その可能性を持つ人物を調べ上げた。まずは、父クリストファー。彼は事件当時、前妻と揉めており彼女に対して接触禁止命令を請求。前妻はケーリンとリアナに対し脅迫行為も働いていた。が、警察はこの一件とリアナ失踪とは無関係と判断、クリ

ストファーを嘘発見器にかけることもなかった。

2人目は当時24歳だったマシュー・ジェームズ・カーティスなる男である。カーティスはリアナ失踪2ヶ月後の2003年8月、児童ポルノの所持で逮捕され、リアナの事件との関与について警察から何度も尋問を受けていた。しかし、彼が所有するトラックからリアナがいた証拠は見つからず捜査対象から外れる。ちなみに、このカーティスは逮捕1ヶ月後の9月、チザムから数キロ離れた場所に停められていた自身のトラックから遺体となって発見されている。警察はビニール袋を被り自ら窒息死したものと断定したが、一部には自殺に見せかけた他殺との主張もある。

3人目はアイダホ州で子供2人を誘拐した罪で有罪判決を受けた性犯罪者のジョセフ・エドワード・ダンカン3世。警察当局が別事件のために彼のコンピュータを調べた際、リアナ失踪に言及した暗号化された文書が見つかったことで捜査線に浮上。2004年には、彼がリアナ失踪の容疑者に仕立て

リアナの父クリストファー（右）と母ケーリー

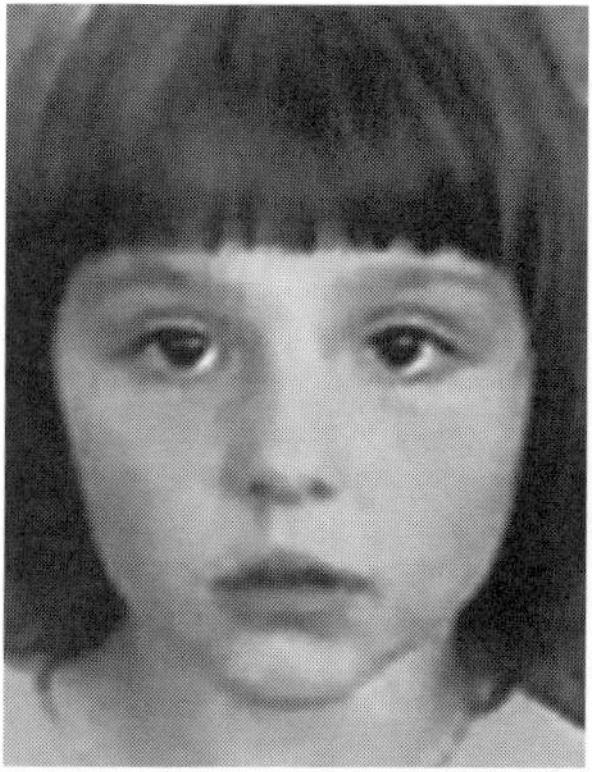

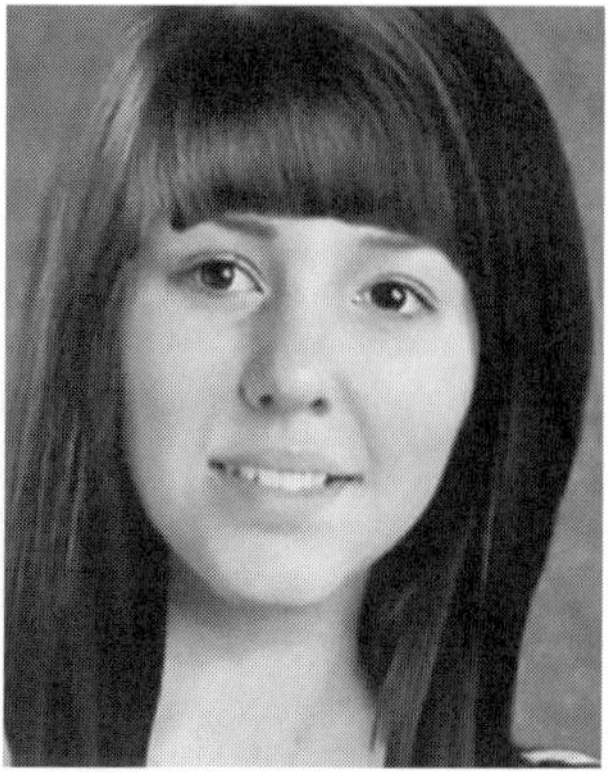

警察が2013年に公開した10年後のリアナの予想モンタージュ（右。左は2003年の失踪時）

上げられるのではないかと恐れていると記したオンライン日記も発見され、警察は事件との関与を疑ったものの、後にリアナ失踪当時、チザムにいなかったことが証明される。その後、ダンカンは2005年にアイダホ州コー・ダリーンで民家に侵入し、命乞いをする住人の女性とその息子を容赦なく殺害、娘を誘拐し約6週間にわたり性的虐待を加え、その様子をビデオに撮影する凶悪犯罪を起こし、裁判で死刑を宣告された（2021年3月、収監先の刑務所で病死）。

他にも、事件前にリアナにおもちゃを買い与えていたという正体不明の中年女性、事件当時にリアナの自宅付近をうろつく姿を複数の人間にも目撃されていた不審な30代半ばの男などが怪しまれたが、いずれも特定不可。事件の迷宮入りが濃厚となるなか、チザムの町には今でもリアナを捜すポスターが貼られているそうだ。

山浦希望さん失踪・遺体発見事件

失踪翌日、元暴力団員の上司と本人が交わした不自然な電話

２００４年２月16日、三重県安芸郡安濃町《あのうちょう》に住む派遣社員、山浦希望《やまうらのぞみ》さん（当時20歳）が17時30分過ぎ、会社を出て自家用車で（２００２年式のスバル「プレオ」）で帰路についた。が、いつもなら19時には自宅に戻るはずが21時を過ぎても帰ってこない。いくら携帯電話にかけても不通で、母は娘に何かしらのトラブルが起きたものと津警察署に通報。翌17日朝、心配した山浦さんの男性上司が彼女の自宅を訪ね、母と一緒に警察に捜索願を出す。その手続きの最中、山浦さんから母の携帯に着信があった。電話はすぐに切れ何度リダイヤルしても出なかったが、代わりに上司がかけるとつながった。

山浦さん曰く、雪で滑り車が落ちたのだという。自分が今いる場所はわからないが、トンネルを通り過ぎた先の山中で、途中で民家を見たそうだ。上司が「その民家に行き住所を聞いて私の携帯に電話をかけてきなさい」と告げると、彼女は「はい」と答え電話は終わった。ちなみに、このときの会話には母も加わっていたが、後に電話の相手が本当に娘だったかどうか確信が持てないと語っている。

その後、山浦さんから連絡はなく、彼女が電話で話した「雪」「トンネル」「山」「民家」というキーワードから、山浦さんの父が安濃町の錫杖湖《しゃくじょうこ》方面を捜索。18日の夕方、付近の峡谷から山浦さんの車が見つかる。しかし、連絡を受けた警察が車内を確認しても彼女の姿はなく、

その後5日間300人体制の捜索でも山浦さんを発見することはできなかった。

ポスターやチラシを配布し情報提供を呼びかけるものの決定的な情報は寄せられないまま1年10ヶ月が過ぎた2005年12月2日15時30分頃、事故車両が発見された場所から約250メートルほど離れた丘陵の傾斜面で白骨遺体が見つかる。三重大学医学部の検死により、歯形などから遺体の身元は山浦さんと判明。死因は不明ながら着衣の乱れや体に損傷がないことから警察は事件性はないと断定した。

しかし、この結論には不自然さが残る。なぜ、遺体が車から250メートルも離れた場所で発見されたのか。事故の衝撃で体が飛んだとは到底考えられない距離だ。さらに、車の助手席のエアバッグから女性のB型の血痕が発見されているのも引っかかる。山浦さんの血液型はO型。ということは、車には山浦さんとは別の人物が同乗していた可能性もある。

この事件で、最も疑われたのは山浦さんの上司の男性である。車両発見の前日の電話のやり取りに違和感があり、しかも男性は元暴力団員だった。ただ、男性のアリバイが証明されていることから、一部には男性を含む複数の人間が事件に関与していたとの推測もなされている。

失踪から1年10ヶ月後、
遺体で発見された山浦希望さん

ブランドン・スワンソン失踪事件

父親との電話中「なんだよ、クソ!」と叫び姿を消した19歳の大学生

2008年5月14日、米ミネソタ州の田舎町マーシャルで両親と一緒に暮らす大学生ブランドン・スワンソン（当時19歳）が神隠しのように消失した。この日、ブランドンは大学の友人たちとのパーティに参加、酒も飲んでいなかったので、深夜に車で帰路についた。が、その途中で運転を誤り車を道路脇の溝に落としてしまう。1人で車を動かすことはできないし、歩いて自宅に帰るには遠すぎる。そこで、ブランドンは携帯電話から自宅に電話をかけて両親に事情を説明し「車で迎えに来てほしい」と頼んだ。両親はすぐに車に乗り、息子が事故に遭ったという場所に出向いた。

おおよそブランドンが指定した場所に到着した両親は、発見しやすいように車のヘッドライトを点滅させ息子に電話をかけた。が、ブランドンは「何も見えない」と言い、逆にブランドンが事故車のヘッドライトを点滅させても両親が確認することはできなかった。

埒《らち》が明かないため、ブランドンは「歩いて近くの友達の家に行く」と言って歩き始め、父親は、夜も遅いので一旦、母親を自宅まで送り届け、再び息子を捜しに出かける。すでに時刻は深夜2時を回っていた。ブランドンと父親は携帯電話で通話しながら、なんとか落ち合おうとした。ところが、通話の最中に突然、ブランドンが突然「なんだよ、クソ!」と叫び電話を切ってしまう。その後、父親が何度も電話をかけ直したものの全くつながらず、付近を捜したが

ブランドン・スワンソンと、後に発見された事故車両

息子の居所がつかめない。仕方なく、父親は午前6時30分、警察へ通報し息子の捜索を依頼した。

捜索には、警察だけでなく総勢５００人以上のボランティアが参加。周辺の州にも捜索範囲を広げ、警察犬も投入された。結果、ほどなく事故を起こしたブランドンの車が発見される。が、見つかったのは彼が両親に説明した場所から約32キロも離れた場所。ブランドンが単に場所を勘違いしたのか、それとも何者かが移動させたのか。その後も捜索は続いたが、ブランドン発見につながる情報は一切得られていない。

19歳の大学生はどこに消えたのか。事故現場の付近を流れるメディシン川に落ちて流されてしまった、どこかの廃墟で死亡したまま発見されていない、野生動物に襲われて連れ去られた、殺人鬼に拉致された。巷には様々な憶測が流れている。

ブリタニー・ドレクセル失踪事件

人気リゾート地で誘拐され殺害後、ワニの餌に!?

ブリタニー・ドレクセルは1991年10月、米ニューヨーク州北部の町ロチェスターで生まれた。母親のドーン・ドレクセルは10代で未婚のまま彼女を出産し、1人で懸命に娘を育てた。ブリタニーは生まれつき右目に障害を持っており数回の手術を経て失明。ハンデを背負いながらも、やがて明るく活発な少女に成長し、高校では女子サッカーに熱中、周りには、いつも多くの友達が集まった。

17歳の多感な時期を迎えた2009年の春休みに、ブリタニーは友人たちと人気のレジャースポット、サウスカロライナ州のマートルビーチで過ごす計画を立てる。しかし、子供たちだけで遠出するのは許可できないと母親のドーンは反対。あきらめきれないブリタニーは「学校の友達の家に泊まりに行く」と嘘をついて母親から外泊の許可をとりつけ、当初の予定どおり女友達3人とマートルビーチへ出かけた。少女たちの春休み旅行は何事もなく過ぎていき、最終日の夜、ブリタニーは「明日帰るね、愛してるわママ」と母親に電話を入れる。しかし、母が娘の声を聞いたのは、このときが最後になってしまった。

2009年4月25日、ブリタニーが当時交際していた19歳のボーイフレンドのジョン・グリーコから母ドーンに電話がかかってきた。ジョンはうろたえた様子で「ブリタニーと一緒にいた女友達から連絡があったんですが、マートルビーチで彼女の行方がわからなくなったみたいなんです」と言う。娘が自分に内緒でマートルビーチに行っていたこともさることながら、その地で失踪したという電話に母は愕然とし、取るものも取り敢えずマートルビーチへ向かい地元警察に捜索願を届け出た。

警察の調べで、ブリタニーが友達と宿泊していたマートルビーチのホテルにある監視カメラが、ホテルを出ていく彼女の姿を捉えていた。時刻は4月25日の19時55分。女友達2人はなぜブリタニーが外出したのか全く理由がわからないという。警察が彼女の泊まっていた部屋を調べたところ、衣類などは残されていたものの、携帯電話と財布が消えているのがわかった。そこで、携帯電話の位置情報を確認すると、ブリタニーが失踪したマートルビーチのホテルから100キロほど離れたサウスカロライナ州の都市マクレランビルにあることが判明。警察はすぐさま現地へ向かい捜索を行ったが、ブリタニーに関する情報は何も見つからない。果たして、彼女は誘拐されたのか？　自らの意志で失踪したのか？　それとも、どこかで命を絶ってしまったのか？　捜索はFBIも加わる大がかりなものになったが進展はなく、そ

ブリタニー・ドレクセル。
活発で友人も多い美人女子高生だった

のまま7年の月日が流れる。

２０１６年８月、ＦＢＩが突如、ブリタニー失踪事件の最新情報を公開した。それは、過失致死によって服役中の受刑者タクアン・ブラウンの告白で、ブリタニーの失踪から数日後に「確かに彼女を見た」と獄中から証言したというものだった。以下、その内容の概略である。

――２００９年にマクレランビルへ旅行に行きショーン・テイラーって男を訪ねて、ある民家に立ち寄った。そこには違法薬物や銃器が保管されていて、ショ

NATIONAL CENTER FOR MISSING & EXPLOITED CHILDREN
missingkids.org
MISSING
HELP BRING ME HOME
Brittanee Drexel
Extra Photo
Missing Since: Apr 25, 2009
Missing From: Myrtle Beach, SC
DOB: Oct 7, 1991
Age Now: 24
Sex: Female
Race: White
Hair Color: Brown
Eye Color: Green
Height: 5'0"
Weight: 103 lbs
Both photos shown are of Brittanee. Her ears and nose are pierced. Brittanee has blonde highlights in her hair. She was last seen wearing a white, black, teal, and gray top, along with black shorts, similar to the outfit pictured above. Brittanee was also wearing white flip flops. When she was last seen, she was wearing blue colored contacts.
The FBI is offering a $25,000 reward for information leading to the arrest and conviction of those involved in the disappearance of Brittanee Drexel.
NCMEC serves as a clearinghouse for the collection and dissemination of investigative leads and sightings of missing children to appropriate law enforcement agencies. NCMEC neither endorses nor assumes responsibility for this or any reward fund.
DON'T HESITATE!
ANYONE HAVING INFORMATION SHOULD CONTACT
1-800 CALL FBI or
Myrtle Beach Police Department (South Carolina)

監視カメラが捉えた、宿泊先のホテルを出ていくブリタニーの姿と情報提供を求めるポスター

ーンと彼の息子ダ・ショーンや数人の男がいて、1人の少女を虐待していた。その少女がブリタニー・ドレクセルだった。その家にいるとき、ブリタニーは脱走を試みたが、すぐにバレてダ・ショーンがピストルで激しく彼女を殴っていた。その直後に2発の銃声を聞いた。遺体はダ・ジョーンがワニに食べさせていた――。

あまりに衝撃的な告白だった。が、ダ・ショーンはFBIの聞き取り調査に対し事件との関与を真っ向から否定。彼の弁護士は「FBIの捜査官が事件を解決するための手段として彼を利用している」と非難し、ダ・ショーンの母親は「自分の息子は、あらぬ疑いをかけられて犯人に仕立て上げられようとしている」とメディアに出演して涙ながらに訴えた。

もしタクアンの証言が本当ならば、17歳の女子高生は、あまりにも理不尽な死を遂げたことになる。一部には彼女が人身売買目的で誘拐された挙げ句に殺害されたとの見方もある。また、FBIはその後、タクアンの証言を裏づける証拠もあると公表した。が、その具体的内容は明らかにされず、2023年4月現在もダ・ショーンの逮捕・起訴には至っていない。

受刑者によって、ブリタニーの殺害を告発されたダ・ショーン・テイラー

中山裕貴さん行方不明事件

オンライゲームで知り合った遠方の相手に会いに行った可能性大

岡山県岡山市の工業高校を2019年3月に卒業、同県津山市の会社に就職し職場近くのアパートで一人暮らしをしていた中山裕貴《なかやまひろたか》さん（当時19歳）が行方不明になったのは、同年8月25日（日曜日）のこと。次の日、会社を無断欠勤したことから失踪が判明した。

失踪当日の正午頃、中山さんは徒歩で津山駅まで行き2時間かけてＪＲ伯備《はくび》線の新見《にいみ》駅でいったん下車（同駅の防犯カメラに写っていた）。そこで弁当を買い、15時頃に江尾《えび》駅までの切符を購入し電車に乗っている姿が確認されている。江尾駅に防犯カメラは設置されておらず目撃証言もなかったが、家族の話では、自宅から遠く離れた江尾駅方面に知り合いがいると聞いたことはないという。

中山さんの部屋を調べたところ、洗濯物が散乱していたものの普段使っていたバッグはそのままで、就職祝い金の6万円も手つかず。さらに、中山さんの通帳を毎日確認していた父親によれば、残高が70万円以上あった口座からは携帯電話料金が引き落とされる程度だったという。また、中山さんが個人的に悩みを抱えていた様子はなく、失踪1週間前には高校時代の友人と旅行、ボーナスが入れば車を買う予定もあったという。会社でも、まだ責任ある仕事は任されておらず、そこでのトラブルもなかったようだ。

中山さんが自発的に失踪する理由が見当たらないとなれば、事故か事件に巻き込まれた疑いが浮上する。そもそも、なぜ彼は自宅から4時間30分も離れた場所に出かけたのか。考えられるのはSNSで知り合った相手に会いに行った可能性だ。が、中山さんは今どきの若者には珍しく、ツイッターやフェイスブックなどのアカウントを持っていなかった。では、別の手段で知り合ったガールフレンドか、その候補となりうる女性に会いに行ったのかといえば、それも考えにくい。というのも、部屋の状況から彼が出かけた際に所持していた現金は数千円程度とみられており、もし仮にデートが目的ならもう少しまとまった金を持っていてしかるべきと推測されるからだ。

現在、最も有力視されているのはゲーム仲間に会いに行き、そこでトラブルに遭ったとする説だ。友人の証言から、中山さんは唯一の趣味がオンラインゲームで、ボイスチャットも利用していたことがわかっている。彼はボイスチャットで仲良くなった相手に会いに遠方まで電車を乗り継ぎ出かけたのではないか。一部メディアは失踪発覚当時、中山さんのパソコンを解析すれば、事件解決の糸口が見つかる可能性が高いと報じたが、2023年4月現在、発見の情報はない。

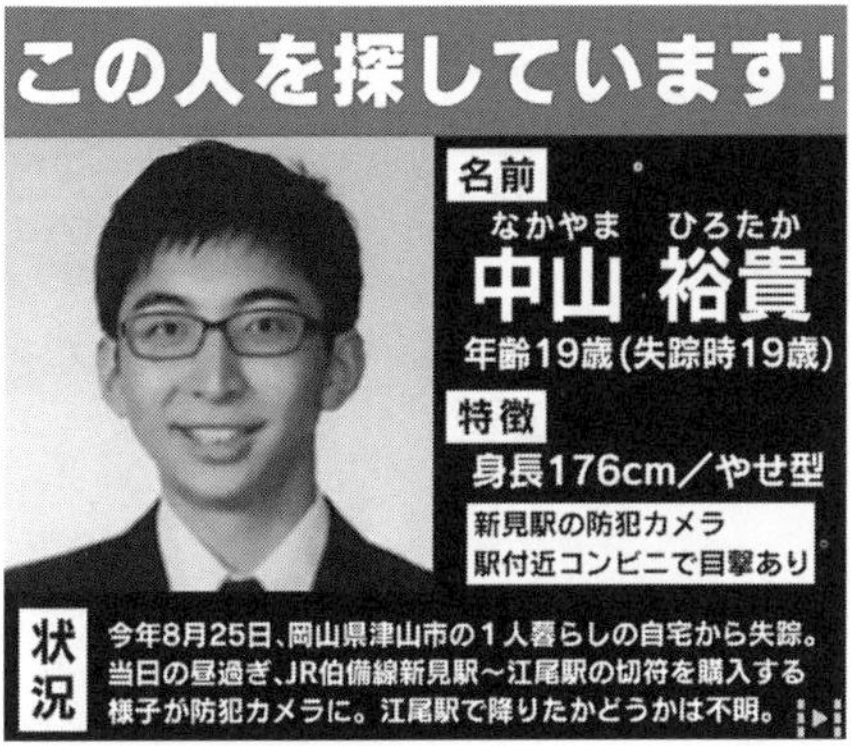
この人を探しています!
名前
中山《なかやま》 裕貴《ひろたか》
年齢19歳(失踪時19歳)
特徴
身長176cm/やせ型
新見駅の防犯カメラ
駅付近コンビニで目撃あり
状況
今年8月25日、岡山県津山市の1人暮らしの自宅から失踪。
当日の昼過ぎ、JR伯備線新見駅~江尾駅の切符を購入する
様子が防犯カメラに。江尾駅で降りたかどうかは不明。

失踪した中山さん。岡山県警は一般から広く情報提供を募っている

第4章

謎の死

「教皇の銀行家」ロベルト・カルヴィ首つり遺体発見事件

事件から23年後、殺人罪で5人が逮捕・起訴されるも全員無罪に

ロベルト・カルヴィ（1920年、イタリア生）は、50代半ばでカトリック総本山の資金管理を行うアンブロシアーノ銀行（イタリア・ミラノ）の頭取に就任し「教皇の銀行家」と呼ばれた大物である。だが、その異例の出世の背景には、裏社会との深いつながりがあった。ネオ・ファシストの極右政党を率いたリーチオ・ジェッリが代表を務めるフリーメイソンの「ロッジP2」の会員となり、ジェッリを通じて、バチカン銀行の財政顧問も務めた弁護士ミケーレ・シンドーナ（1920年生）と関係を持つ。

このシンドーナが多方面に顔のきく男だった。第二次世界大戦後からラッキー・ルチアーノら大物アメリカマフィアやサルヴァトーレ・リイナなどのシシリア系マフィアなどのマネーロンダリングを手がけていた他、バチカン銀行総裁でアメリカのシカゴ出身のポール・マルチンクス大司教、さらにマルチンクス大司教と昵懇《じっこん》の仲でマフィアとも関係していたジョン・F・ケネディや、リチャード・ニクソン政権の財務長官を務めた銀行家のデヴィッド・M・ケネディなどの「表」の人物とも深く交際。カルヴィはこうしたシンドーナの人脈を利用し、マルチンクス大司教の庇護《ひご》の下、バチカン銀行を経由してマフィア絡みのマネーロンダリングと不正

融資を率先して行い、1975年にアンブロシアーノ銀行の頂点に上り詰めた。

しかし、シンドーナが経営していたプライベートバンクが3億ドルを超える負債を抱え経営が悪化、彼が横領罪で逮捕されたことから風向きが変わる。カルヴィは約50万ドルの保釈金を支払うようシンドーナから依頼されていたものの、これを無視し、マフィア絡みのマネーロンダリングと不正融資を継続。結果、イタリア中央銀行による大規模な査察により10～15億ドルに上る使途不明金を抱えていたことが判明し、1982年5月、アンブロシアーノ銀行は破綻に追い込まれる。ただ、カルヴィはその直前、イタリア議会の公聴会での聴聞を逃れるべく、偽造パスポートを使いイタリア国外に逃亡していた。

ロベルト・カルヴィ。マフィアへのマネーロンダリングや積極的な不正融資により、55歳でアンブロシアーノ銀行の頭取に就任

国際手配され、各国の当局やマスコミから身柄を追われていたカルヴィが、イギリス・ロンドンのテムズ川にかかるブラックフライアーズ橋の下で「首つり死体」の姿で発見されたのは1982年6月17日未明のことだ。当初、警察は単なる自殺であると片づけたものの、ロンドンの中央に位置するブラックフライアーズ橋に、まるで見せしめのように死体が吊るされていたことや、死体の位置が自

ら首をつったとするには無理がある状況だったり、なぜか衣服のポケットに別の場所で入れられたと見られる小石や煉瓦《れんが》が入っていたことなどから、再捜査を開始。最終的に、1992年に他殺と判断する。

では、誰がカルヴィを暗殺したのか。事件は、保釈金の支払いを断られたシンドーナ、マルチンクス大司教をはじめとするバチカン関係者やイタリア政財界のみならず、ロッジP2のジェッリ代表やマフィア関係者などの関与が疑われ、動機としては、アンブロシアーノ銀行破綻と、その主因であるマネーロンダリングや不正融資における中心人物であったカルヴィの口封じや、アンブロシアーノ銀行破綻により、多額の資金を失うことになったマフィアやイタリア政界上層部による復讐などが噂された。

また、カルヴィの死の前後にも多くの関係者が謎の死を遂げていた。1979年、バチカン銀行とアンブロシアーノ銀行の関係と、その投資内容を調査していたイタリア警察の金融犯罪担当調査官ジョルジョ・アンブロゾーリが自宅前で銃撃され殺害。カルヴィが殺された1982年6月には、アンブロシアーノ銀行の歴代頭取に仕えていた秘書が投身自殺を遂げ、4年後の1986年3月には、当時、アンブロゾーリ調査官殺害を指示した罪で逮捕・投獄されていたシンドーナが収監先のイタリアの刑務所内で服毒自殺で死亡した。が、彼もまたカルヴィ同様、自身が管理していた銀行の破綻により多額の資金を失うことになったマフィアやイタリア政界上層部が復讐のため暗殺したとの見方が強い。

1991年7月、イタリア司法当局への情報提供者と転向したマフィアの構成員のフランチェ

1982年6月17日、ロンドンのテムズ川にかかるブラックフライアーズ橋の下で見つかったカルヴィの首つり遺体。享年62

スコ・マリーノ・マンノイアは「カルヴィが殺害された原因は、アンブロシアーノ銀行破綻によりマフィアの資金が失われた報復であり、実際にカルヴィを殺害したのは当時ロンドンにいたマフィアのフランチェスコ・ディ・カルロであり、殺害命令を下したのは、マフィアの財政面、主にマネーロンダリングに深く関わったことから〝マフィアの財務長官〟と呼ばれたジュセッペ・ピッポ・カロと、ロッジP2のジェッリ元会長であった」と暴露した。その後の捜査でカロやジェッリがカルヴィ暗殺に関与した容疑が深まったとして、2005年、イタリア司法当局はこの2人を含む5人を逮捕し起訴。検察は被告全員に終身刑を求刑したが、2007年6月、ローマ地方裁判所は「証拠不十分」として5人に無罪判決を下した。事件の背後には大きな闇が広がっているようだ。

フィリップ・テイラー・クレイマー事件

研究者に転身した元ミュージシャンの奇妙な失踪と転落死

「アイアン・バタフライ」は1966年にアメリカで結成されたサイケデリック・ロックバンドだ。累計3千万枚を売り上げた『ガダ・ダ・ヴィダ』など4枚のアルバムをリリースし1971年に解散したものの、3年後の1974年に再結成。このときベーシストとしてバンドに参加したのがフィリップ・テイラー・クレイマー（1952年生）である。

彼は1980年のバンド解散まで活躍した後、音楽業界から引退し全く別の道を歩み始める。大学に入り直し航空宇宙工学の学位を取得。ペンタゴン（米国防総省）と提携したMXミサイル誘導システムなどの研究・開発に関わり始めたのだ。ちなみにクレイマーは電気工学の大学教授を父に持ち、12歳のときオハイオ州ヤングスタウンで開催された科学博覧会で、風船を弾くのに十分な強度のビームを備えたレーザーを製作、優勝している。彼には音楽と同時に、もう一つ別の才能が兼ね備わっていたのだ。

1990年、クレイマーはビデオ圧縮技術の先駆的な仕事に携わる2つのベンチャー会社を共同設立。妻と2人の子供に囲まれ公私ともに充実した生活を送っていたが、4年後の1994年に会社が経営破綻してしまう。ここから、彼の行動は奇妙に変化する。家に引きこもる一方、「神は完璧な科学者です！　混沌は完璧な秩序です」などスピリチュアルな発言をたびたび口にし周囲を混乱に陥れたのだ。クレイマーの精神が蝕まれているのは明らかだった。

家族とハイキングに出かけた翌日の1995年2月12日、クレイマーは自家用車のフォード・エアロスター・ミニバンをロサンゼルス国際空港まで走らせ、取引先の投資家とその夫人を迎えに行った。が、夫妻の乗った旅客機が到着するまでにはまだずいぶん時間があり、クレイマーはこの間、妻ジェニファーや仕事仲間、元アイアン・バタフライのドラマーで親友のロン・ブッシーなど、多くの人々に合計17回もの電話をかける。その内容は実に不可解なもので、投資家夫妻をここで迎えずに後に夫妻が泊まるホテルに会いに行くと言ってみたり、妻には「大きな驚きがある」と自殺をほのめかしたり、当時、妻を殺害した容疑で逮捕されていた元アメリカンフットボール選手O・J・シンプソンは無実であると主張するなど、言動は支離滅裂だった。そして、ここから彼の消息はプッツリと途絶える。妻が電話をかけても出ることはなく、自ら電話をかけた様子もなければクレジットカードが使われた形跡もなかった。

ロックバンド「アイアン・バタフライ」のベーシストとして活躍していた当時のクレイマー

心配した妻が警察に通報し、大規模な捜索と調査が開始されると、クレイマーの部屋から本来FBIなどしか入手できないはずのO・J・シンプソン事件に関するビデオ映像が見つかり、クレイマーがこの映像のビデオ分析に取り組んでいたことが判明した。いったい、何が目的だったのか。妻の証言によれば、失踪直前のクレイマーは、当局に追われており捕まれば連行されると極めて妄想的なことを口にしていたという。が、警察が調べても彼に逮捕されるだけの理由は一切なかった。

失踪から2週間後に、行方不明のクレイマーから自宅の妻に電話があった。が、そこでクレイマーは「ハロー、ハロー」と挨拶をして一方的に電話を切ってしまう。なぜ、電話をかけたのか。どこに消えたのか。その後、警察が捜索しても進展は見られず、ニュースやテレビ番組でも多く報道されたがクレイマー発見につながる情報が寄せられることはなかった。

失踪直前のクレイマー。当時37歳だった

何の糸口もつかめぬまま4年が過ぎた1999年5月29日、事態は大きく動く。カリフォルニア州マリブ郊外のデッカーキャニオンの谷底で車ごと転落したクレイマーの遺体が発見されたのだ。遺体は白骨化していたが、検死解剖の結果、歯科記録によりクレイマー本人であることが確認され、死因は転落による致命的な鈍的外傷と断定される。そして、警察当局は失踪前

1999年5月29日、カリフォルニア州マリブ郊外のデッカーキャニオンの谷底で発見されたクレイマーの車。中から白骨化した彼の遺体が見つかっている

のクレイマーの言動から、彼が会社の経営破綻など財政問題で悩み、自殺したものと結論づける。

しかし、彼の周囲の多くの人は納得していなかった。特に「もし僕が死んで、それが自殺だと片づけられても絶対に信じないでほしい」と告げられていたという父親のレイ・クレイマーは、息子の死が自殺ではなく他殺と主張。父親によれば、息子はワープ航法や超光速通信などの画期的な研究に取り組んでいることを知っている人々が研究を横取りすべく、彼らからさんざん脅されていたのだという。また、失踪直前に本人と電話で話をした親友のロン・ブッシーも「彼はこの新しいテクノロジーで突破口を開いたばかりだったので、誰かが彼の頭に銃口を突きつけたのだ」と話したそうだ。

果たして、クレイマーは何者かに殺害されたのか、妄想の果てに自ら命を絶ったのか。真実は本人だけが知っている。

人気作家ユージーン・イッツィ不審死事件

防弾チョッキを着て首つり⁉ 白人至上主義団体に殺害された疑いも

ユージーン・イッツィ（1953年生）は高校を中退後、兵役、製鉄所勤務を経て1980年代後半から故郷シカゴを舞台にした犯罪小説を発表、多くの読者に支持されていた人気作家だ。

その彼が、シカゴのダウンタウンに借りていた14階建てビルの仕事部屋で、首をつった状態で発見されたのは1996年12月7日のこと。当初は創作活動に悩んだ小説家が自ら死を選んだのかと思われたが、自殺に結びつくような動機が見当たらなかった。当時、彼は43歳で健康面でも問題はなく、小説家として油の乗っていた時期。作品が売れず金に困っていたわけでもなく、むしろ次回作の執筆に意欲を燃やし、親しい友人や仕事の関係者に作品の構想を熱心に語っていたそうだ。そんな作家が遺書も書かず、突然命を絶つだろうか。

さらに、現場の状況があまりに不自然だった。遺体で発見されたとき、首をつっているにもかかわらずイッツィは防弾チョッキを着用、ズボンのポケットにはメリケンサックと護身用の警棒が入っており、仕事部屋からは38口径のリボルバーも発見されている。これから自殺をする人間が武器や防具を身につけるとは、とても考えにくい。

こうした状況から、イッツィは何者かに殺害された後、自殺を偽装されたと推察する方が自然である。では誰が人気作家を殺害したのか。警察の後の捜査で、当時、イッツィは新作執筆

イッツィ本人と、彼の首つり遺体が見つかったシカゴのビル

のリサーチでインディアナ州で活動している人種差別的な白人至上主義グループに潜入取材を行っており、その最中に起きたトラブルが原因で、何度も脅しの電話を受けていたことがわかっている。この事実はシカゴの地元新聞でも報じられたが、彼の死に関しては1人の逮捕者も出ず、警察は「自殺」として捜査を打ち切った。

ちなみに、イッツィが普段使用していたパソコンのディスクには未完成の原稿が残されており、そこに彼の死の状況と酷似した描写があったそうだ。これが何を意味するのかは不明である。

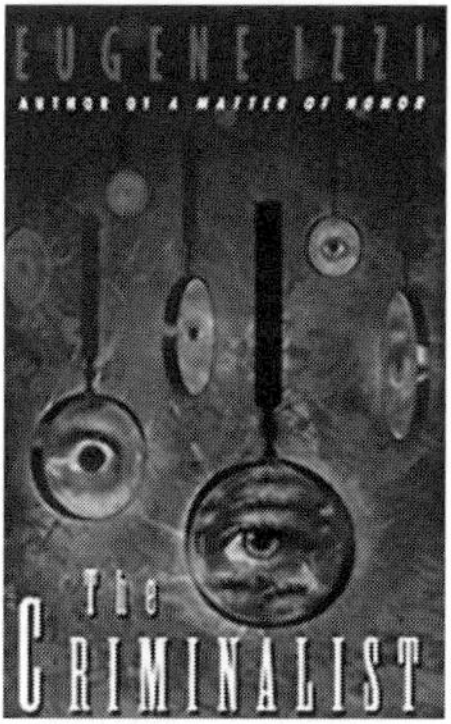

イッツィは生涯で18の作品を発表しているが、最も売れたのは死から2年後に出版された『The Criminalist（犯罪学者）』だった

徳島海上自衛官変死事件

警察は「交通事故で車の屋根が傷ついたことに腹を立て自殺」と断定

1999年12月25日、海上自衛隊第1術科学校（広島県江田島市）勤務の自衛官・三笠睦彦《みかさむつひこ》さん（当時33歳）が失踪した。この日、三笠さんは徳島県内の実家に帰省中で、当時交際していた女性とのクリスマスデートの帰り道、彼女を車で家に送り届けたのを最後に行方がわからなくなっていた。家族はすぐに地元警察へ捜索願を提出。警察が捜索を開始したところ、同県阿南《あなん》市郊外の路上に放置されている三笠さんの車が発見される。が、車内に本人の姿はなく、警察は事件性なしと判断し家族に連絡しただけだった。

2日後の12月27日、車の発見現場近くにある福井川の河川敷《かせんじき》で三笠さんの遺体が見つかった。警察は現場検証、遺体の司法解剖結果から自殺と断定。捜査を早々に打ち切る。警察発表によると、三笠さんは交際相手と別れた後、交通事故を起こし車の屋根が壊れたことに立腹、福井川にかかる橋まで車で移動して飛び降りたとのだという。死因は胸部大動脈の損傷だったそうだ。

しかし、遺族は警察の発表に納得できなかった。そもそも三笠さんに自殺する動機がないのだ。そこで遺族は真相を解明すべく独自に調査を開始する。と、飛び降りたとされる橋梁《きょうりょう》の欄《らん》干《かん》から三笠さんの指紋は検出されていないことがわかった。欄干は85センチの高さがあり、一般男性が飛び越えたとは考えにくい。また、遺体発見現場は橋から4・2メートルも離れており、普通にジャンプしただけでは届かない距離であることも不自然だった。さらに、警察は司法解剖の結果が判明する前に、三笠さんが所属していた自衛隊に死因は自殺であると連絡していたことも判明。不審を抱いた遺族が地元警察や県警に再三の捜査申し入れを行い二度の再捜査が実施されたが、警察は最終的に事件性なしと判断する。それでも遺族は納得できず、２００４年10月、徳島検察審査会に審査を申し立てするも、翌２００５年４月、不起訴相当が議決された。

三笠さんの死については殺人を疑う声も少なくなく、遺族のもとには事件に関与したとする犯人の情報が複数送られている。三笠さんの車か定かではないが、暴走族風の改造バイクに追いかけられる乗用車や、車を取り囲む男女５人の姿が事件当日確認されたそうだ。さらに、ネット上では三笠さんの殺害に関与した暴走族が県の有力者の息子であるという書き込みもなされた。実際に名前を上げられた有力者は書き込みに対し告訴を検討したという報道がなされたが、裁判になったのかどうかは確認されていない。果たして、若き自衛官は自ら命を絶ったのか、それとも何者かとトラブルになり殺害されたのか。真相が解明される日が来ることを願ってやまない。

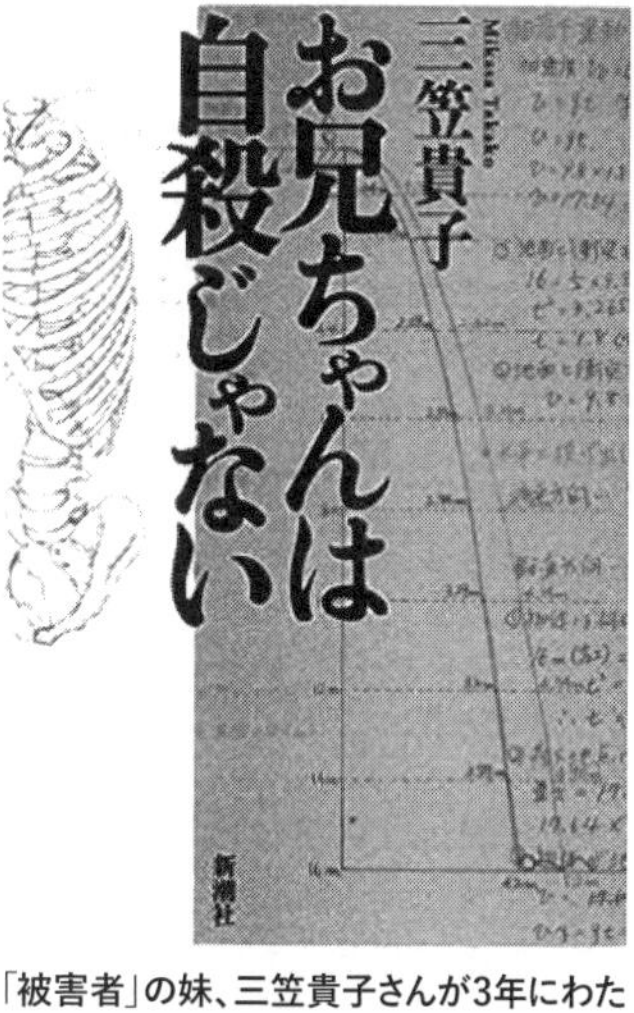

「被害者」の妹、三笠貴子さんが3年にわたって事件の真相を追ったルポルタージュ『お兄ちゃんは自殺じゃない』(新潮社刊)

アンナ・ニコル・スミス死亡事件

「マリリン・モンローの再来」と呼ばれたトップモデルの闇

アンナ・ニコル・スミスは身長180センチ、体重64キロという抜群のスタイルで「マリリン・モンローの再来」と呼ばれたモデルである。1992年3月、24歳で月刊誌『プレイボーイ』創始者のヒュー・ヘフナーに見出され、同誌の表紙デビュー。翌1993年には「プレイメイト・オブ・ザ・イヤー」に選ばれ、アメリカのゲス・ジーンズなどの広告にも登場、パリの有名デザイナーのショーやモデルとして一世を風靡した。

1994年6月、アンナはテキサスの石油大富豪、J・ハワード・マーシャルと結婚する。3年前の1991年10月、彼女がヒューストンのナイトクラブでストリッパーとして働いているとき、客として店に来たマーシャルが一目惚れし、以来交際が続いていた。しかし、世間の風当たりは冷たかった。マーシャルは結婚当時、アンナより63歳上の89歳。結婚は財産目当てと噂され、そのとおり、マーシャルは結婚翌年の1995年8月、肺炎により他界。夫の葬儀にアンナがウエディングドレスを着て参列したことも世間を賑わせた。

マーシャルの莫大な遺産は、妻アンナが全て相続するものと思われた。が、マーシャルの息子E・ピアース・マーシャルが権利を主張したことで裁判に発展する。しかし、2006年6月、E・ピアース・マーシャルが死亡した後、マーシャルが生前に残した遺言書が見つかり、そこに遺産は息子に相続すると書かれていたことが判明。結局、財産はピアースの遺族の相続となり、ピアースの妻は全米で四番目に金持ちの女性として報道されることになる。

夫の遺産を手にできなかったアンナだが、その後も彼女は世間を賑わす。2006年9月、バハマの首都ナッソーで長女ダニーリンを出産すると、弁護士、芸能ジャーナリスト、女優を妻に持つ男性の3人が自分が父親であると名乗り出て、最終的に誰が本当の父親であるかを確認するためのDNA鑑定が行われるまでに及んだ。その渦中の翌10月、アンナが18歳のときに産んだ息子ダニエル・ウェイン・スミスが20歳で急死。死因は抗うつ薬が引き起こした不整脈だったという。

息子の死のショックから立ち直れないまま4ヶ月が過ぎた2007年2月8日、今度はアンナ自身が悲劇に見舞われる。滞在していたフロリダ州ハリウッドの「ハードロック・ホテル・アンド・カジノ」の部屋で倒れているところを発見され、病院で死亡が確認されたのだ（享年39）。死因は薬物過剰摂取とされたが、疑問視する声も少なく

死の2年前の2005年、オーストラリアMTVビデオミュージックアワードに出席した際のアンナ・ニコル・スミス

ない。倒れたアンナを発見したのは彼女に同行していた看護師だったのだが、その看護師は一切蘇生処置を試みることなくフロントに通報したのみ。なぜ、看護師は必要な処置を施さなかったのか。一部には、アンナが殺害されたとの見方もある。というのも、彼女もまた財産を狙われていた可能性を否定できないのだ。

アンナはモデルや女優業などで自ら15億ドルもの富を築いたと言われている。その莫大な財産は、彼女が生前に残した遺言状で息子ダニエルに相続されることになっていた。しかし、息子はすでに死去しているため、現実的には長女ダニーリンの父に譲られることになる。前記したとおり、娘の父親に3人の男性が名乗りを上げているが、これは将来的にアンナの遺産を手にするのが目的だったのではないかとも言われている。

3人は莫大な遺産と娘の親権を巡り激しい

アンナが幾度となく表紙を飾った雑誌『PLAYBOY』は2020年春号をもって紙媒体での発行が休止された（オンライン版は不定期で継続中）

法廷闘争を繰り広げた。そんななか、２００９年３月、カリフォルニア州司法当局は、アンナに生前、過剰に薬物を投与していたなどとして、共謀容疑で娘の父親として名乗り出た中の１人である弁護士のハワード・Ｋ・スターンと医師２人を訴追する。訴追状によると、３人は共謀して２００４年から２００７年にかけ、正当な医療目的がないにもかかわらず、鎮静剤や抗うつ薬など数千錠を処方、投与するなどしたという。これが事実なら、やはりアンナは殺害されたことになるが、この訴追と彼女の死因との関係は明らかされていない。

上　1994年6月、アンナは63歳上の大富豪J・ハワード・マーシャル（左）と結婚。翌年8月、マーシャルが死去した際の葬儀にも同じウエディングドレス姿で参列し物議を醸した
下　長年、アンナの弁護士を担当していたハワード・K・スターン（左）が彼女を殺害した可能性も

ルイス・アンドレ・コルメナレス事件

交際相手の女性が偽証罪、女性の元カレが殺人罪で逮捕されたが…

２０１０年10月30日、南米コロンビアの首都ボゴダで、ロスアンデス大学の男子学生ルイス・アンドレ・コルメナレス（当時20歳）が、交際相手のラウラ・モレノと親友のジェシー・キンテロを含む大学の仲間たち数人とハロウィンパーティに出かけ、遺体で発見された。ラウラとジェシーの証言によれば、事の経緯は以下のとおりである。

当日深夜3時15分頃、気分が悪そうにパーティ会場を出ていくルイスにラウラとジェシーが付き添う形で外に出たところ、ルイスが唐突に「お腹が空いた」と言ったのだという。そこで、近くの露店でホットドッグを買い食べていたが、その後突然ルイスがホットドッグを投げ捨て狂ったようにエルビレイ公園に向かって走り出したそうだ。ラウラはルイスの後を追いかけ何度も止まるよう呼びかけたが、彼はそのまま公園の溝に飛び込んでしまう。

一方、車を取りに行った仲間と合流したジェシーがルイスの携帯電話に電話をしたところ、ラウラが電話を取り、用水路に落ちて以降姿が見えなくなってしまったという。その後、ラウラとジェシーらは数時間にわたってルイスを捜すも発見できず、近くの交番に助けを求め家族にも連絡。午前6時頃にルイスの母親が公園に到着し、消防も駆けつけ捜索を開始したが、やはりルイスは見つからない。しかし、21時頃になって消防がラウラの証言した場所から１２０メートルほど離れた用水路でうつ伏せの状態で死んでいるルイスの姿を発見した。

司法解剖の結果、ルイスはレベル3のアルコール依存症だったことが判明。泥酔状態で用水路に転落し溺死したと断定され、警察は事故死として処理する。が、家族はこの結論に納得がいかず、再三にわたって警察に抗議。9ヶ月後に再捜査が始まり元の資料を改めて分析したところ額に骨折が見つかり、さらに墓から遺体を掘り出し詳しく解剖が行われた結果、頭蓋骨に8ヶ所の骨折が見られることが判明した。こうして事件は一転、事故から事件への様相を呈していく。

2011年10月にラウラとジェシーが虚言と事件隠蔽の疑いで逮捕された。が、証拠不十分で釈放。さらに2012年6月、ラウラの元交際相手のカルロス・カルデナスがルイスの遺体発見当日、彼を暴行していたとの目撃証言を得て、警察はカルロスを殺人の疑いで逮捕する。カルロスはラウラに未練があり、ルイスと

事件が起きたハロウィンパーティ当日のルイス・アンドレ・コルメナレス(右)と、交際相手のラウラ・モレノ

の間にトラブルが起きていたと考えられていたものの、後日、目撃証言を行った人間が嘘をついていたこともわかり、カルロスもまた釈放される。

ただ、ルイスの遺族は殺人であることを確信していた。事件が起きたのは10月31日の明け方4時頃だったにもかかわらず、死体が発見されたのはそれから17時間後の21時頃。その間、消防が用水路を一度捜索した際に死体は見つかっていない。ということは、何者か

遺体発見場所の用水路（右の男性がルイス）

殺人罪で逮捕されたラウラの元交際相手カルロス・カルデナス

この事件を題材に作成されたNetflixオリジナルドラマ
「犯罪アンソロジー：ナイト・パーティの悲劇」（2019年より配信開始）

がルイスを殺害後しばらく死体の側におり、21時前に用水路に死体を遺棄した可能性が考えられる。

ちなみに、用水路の高さはせいぜい2メートル程度。この高さから転落しただけで顔や頭に8ヶ所の骨折を負うとは考えにくい。また、死体が発見された現場からラウラが落ちたと証言した場所から１２０メートル離れているのも不自然だ。用水路の水に流されたという主張もあるが、当時の水位は約20センチ。１８０センチ、73キロのルイスの体を流すには無理がある。

通常、人間が死亡したとき、下にしていた側に斑点が現れる。うつ伏せで死亡した場合は胸からお腹にかけて、仰向けで死亡した場合は背中側だ。うつ伏せで発見されたルイスは背中にその斑点が確認されている。このことからルイスは仰向けで死亡ししばらく放置され、その後うつ伏せの状態で遺棄されたとも考えられている。

果たして、ルイスの死は事故か殺人か。遺族は真相が解明される日を心待ちにしている。

ジャーナリスト黒木昭雄自殺事件

生前、追いかけていた岩手17歳女性殺害事件の影響でうつ病に⁉

2010年11月2日千葉県市原市で駐車した車の中で1人の男性が死亡しているのが発見された。黒木昭雄《くろきあきお》（享年52）。23年間の警視庁勤務の後、捜査するジャーナリストとして、警察内部の様々な問題や世間を騒がせた事件などを独自の視点で解析していた人物だ。現場の状況から黒木氏は自ら命を絶ったと見られているが、その死は彼が直前まで追及していた「岩手17歳女性殺害事件」と大きく関係しており、現在も真偽を疑う声がある。

2008年7月1日16時30分頃、宮城県栗原《くりはら》市に住む佐藤梢《こずえ》さん（当時17歳）の遺体が、岩手県川井村（現宮古市）の松章沢《うちさわ》の川床で見つかった。司法解剖の結果、死因は絞殺による窒息死で、死亡推定日は6月30日。首を絞められた後、橋から突き落とされたと見られた。1ヶ月後の7月29日、殺人容疑で小原勝幸《おばらかつゆき》（同28歳）に逮捕状が出され、全国指名手配された。被害者の佐藤梢さんは、小原の恋人の親友だった。その恋人の名前もまた佐藤梢。なんと被害者と小原の恋人は同姓同名の親友同士だったのだ（以下、小原の恋人の梢さんを「梢Aさん」、殺害された梢さんを「梢Bさん」と記す）。

2006年10月、小原は東北地方沿岸部に住む先輩男性の紹介で大工仕事に就くも、数日で仕事場から逃亡。翌年2007年5月、先輩男性から「メンツを潰された」という理由で迷惑料を要求される。男性は小原に日本刀を咥《くわ》えさせ「金が払えないなら、指を詰めろ」と指詰めを示唆する言動で脅し、梢Ａさんを連帯保証人とする１２０万円の借用書を書かせる。が、小原はこれを払うことなく逃げ回り、翌年２００８年６月３日、この恐喝事件について警察に被害届を提出するものの、28日になって取り下げたいと言い出す。そのためには連帯保証人の梢Ａさんの同行が必要だった。が、小原から日常的に暴力を振るわれていた梢Ａさんはすでに別れを決意しており、同行を拒否。取り下げは認められなかった。

　同日、小原は梢Ｂさんを電話で呼び出す。直前まで彼女と一緒にいた男性によると「恋の悩みについて相談をしたい」と持ちかけられたという。このとき、梢Ｂさんは冗談めかした口調で「私、殺されるかも」と言っていたそうで、その言葉どおり彼女は３日後に遺体で発見される。

　７月２日、小原が知人へ「断崖からの飛び降り」を示唆する電話をかけ、翌３日に断崖現場から本人が所持していた財布や煙草などの遺留品が見つかったものの、遺体は発見されなかったため、警察は偽装自殺と判断。同月29日、小原を殺人容疑で全国に指名手配する。事件の直後、自損事故を起こし

黒木昭雄氏。警視庁在籍中、23回もの警視総監賞を受賞

て放置された小原の車の中から見つかった血痕や遺留品の鑑定などが犯人特定の理由だった。ちなみに、小原は事故を起こした際、知人に「もう俺はおしまいだ。死ぬしかない」と言っていたそうだ。

黒木氏は、小原を容疑者と断定した宮城県警の捜査に疑問を持ち、独自の調査を開始した。その過程で、小原が事件前の6月29日に右手の小指・薬指に怪我をし、診察した医者が人の首を絞めて橋から投げ捨てることはできない状態だったと証言していたことを突き止める。また、警察の偽装自殺説についても、素足での逃走は不可能で逃走交通機関もない場所で、そもそも小原にはアリバイがあり、梢Bさんを殺害する動機はない、この事件は小原の先輩の恐喝事件に端を発しているのは明らかであるのに、警察は

右　殺された佐藤梢Bさん
左　犯人とされる小原勝幸の行方は2023年4月現在もわかっていない

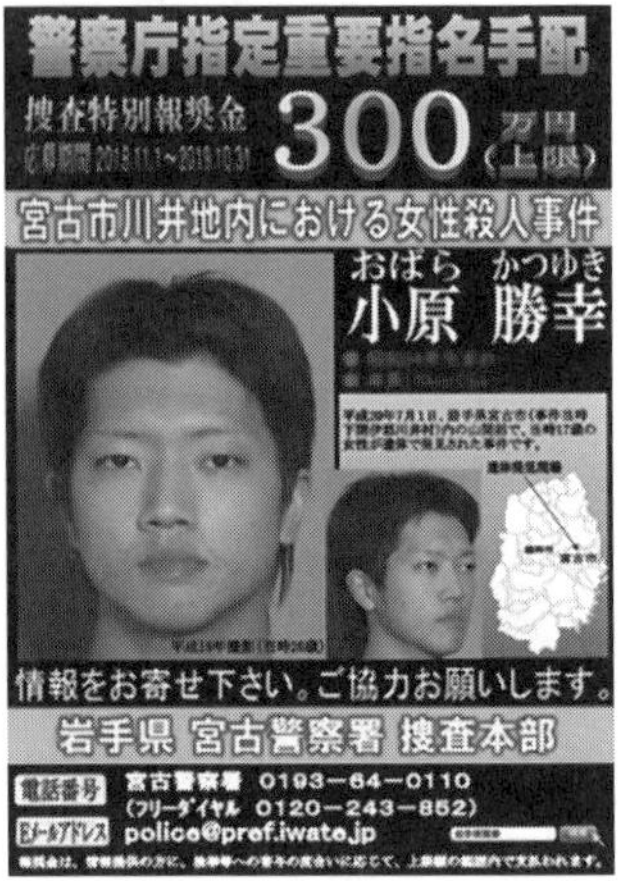

黒木氏が自死したことは遺族も認めているが…

捜査を怠っていると批判。２０１０年11月1日、小原の懸賞金が１００万円から３００万円に上がった際には「きちんと捜査もせずに、国民の税金を３００万円も使うのか」と憤慨している。

黒木氏の死体が見つかったのはその翌日のこと。自費で2年以上も独自捜査を続けたことでうつ病を患い、練炭自殺を図っていた。車内から遺書が見つかり、練炭を購入したレシートもあったことから自ら死を選んだことは明白だった。が、翌年2011年4月、テレビ朝日系「ザ・スクープSP」は「ジャーナリスト黒木昭雄さん死の真相」と題した番組を放送、その死に疑問を投げかけた。黒木氏はなぜ自殺しなければならなかったのか。生前、黒木氏は「俺が死んだら、警察に殺されたと思ってくれ」と口癖のように周囲に話していたそうだ。

日野市小4男児首つり事件

「オートエロティック」による不慮の事故の可能性も

「エクストリーム自殺」という言葉がある。自ら命を絶つには難しいと思われる状況で「自殺」と判断された事件のことだ。アクロバティックな要素を持った「エクストリームスポーツ」の名前から転じて名づけられたネットスラングの一種である。２０１５年10月26日、その典型と言うべき事件が起きた。

同日夜、東京都日野市三沢にある通称「高幡山」で両手足が縛られた子供の全裸の首つり遺体が発見された。亡くなっていたのは市内に住む小学4年生の男児（当時10歳）だった。当日、小学校は休みで、男児は午前11時頃「遊びに行ってくる」と言って自宅を出たものの、夕方になっても帰ってこないため、母親が18時半頃、１１０番通報。警視庁日野署員が遊び場所などを捜していると、20時頃になって林の中でビニールひもを木の幹にくくりつけ、幹から1・5メートルのところで首をつっている男児の遺体が見つかった。手足を縛ったのも同じビニールひもで、両手は後ろ手に縛られていた。遺書などはなく、衣服は現場近くで畳んで置かれていたことから殺人も疑われたが、両手両足を結束したひもは緩く、十分に自由は確保されていことや、現場が斜面になっており、ひもを首にめり込ませて前に倒れれば負荷がかかる状態だったことなどから、警察は早々と自殺と断定する。ただ、校内でのいじめなど、自殺につながる特別な動機は見つからなかったそうだ。

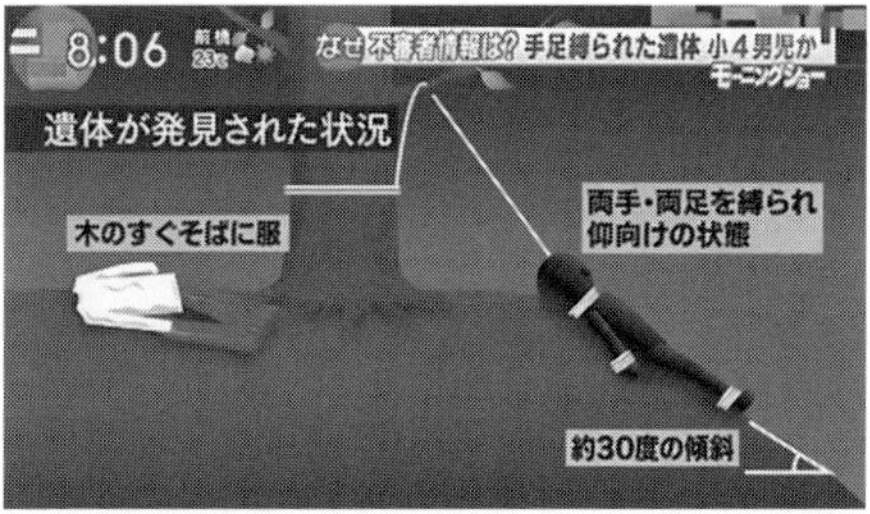

遺体の発見状況（テレビ朝日系「モーニングショー」の映像より）

一方、ネットでは警察の結論を疑問視する声が続出した。当日は気温が低かったにもかかわらず、なぜ全裸なのか。ひもが緩かったとはいえ小4男児が自ら両手を後ろに縛ることは可能なのか。そもそも、なぜこのような不可思議な状態で死を選んだのか。謎だらけの首つり事件に、一つの推測がなされる。「オートエロティック」による不慮の死。オートエロティックとは「自体愛」、早い話が自慰行為のこと。つまり、小4男児はひもを首にめり込ませて前に倒れ、軽く負荷がかかる状態でオートエロティックを楽しんでいたところ、うっかり足を滑らせて斜面に滑り落ちて、首を強く圧迫し死亡したというのだ。警察はその事実を世間に公表できないため、自殺として処理したとの見方もある。

ちなみに、映画「キル・ビル」などで有名な俳優デヴィッド・キャラダインは２００９年６月４日、新作映画制作のため滞在していたバンコクのホテルの部屋で、首と性器にロープが巻きつけられた状態で死亡しているのが発見された。当初は他殺の疑いも出たが、遺体発見時、部屋に内側から鍵がかかっていたことや、遺体に争った形跡がないこと、防犯カメラに部屋を出入りする人物が写っていないことなどから、現地警察は自慰行為中の事故、つまりオートエロティックによる不慮の事故の可能性を指摘している。小4男児の死がこれと同じだったかどうかは、本人にのみぞ知るところである。

イギリス人UFO研究家死亡事件

滞在先のワルシャワのアパートで〝悪魔的儀式〟により殺された!?

２０１６年7月16日、ポーランドの首都ワルシャワで開催される会議に参加するため、現地を訪れていたイギリス人ＵＦＯ研究家のマックス・スピアーズ（当時39歳）が宿泊先の部屋のソファアで死亡しているのが見つかった。地元警察は現場や遺体の状況に不審な点がないことから〝不幸な突然死〟として処理したが、死の前日、母親に宛て「トラブルに巻き込まれていま す。もしボクの身に何かあったら調査してください」という意味深なメールを送っていたことがわかり、事態は一転、疑惑に包まれる。

ＵＦＯ研究家として一部の熱心な支持を集め、政府や権力者の闇を暴く真相究明ジャーナリストとしても活躍していたスピアーズは、招待される形でワルシャワに出向き、会議の場で、これまで一緒に働いてきた政治的リーダーやセレブたちに関係する〝何らかの情報〟を公開するつもりだったという。その内容はわかっていないが、スピアーズの母親は、それを明かされたくない者によって息子は殺害されたと主張する。

実は、スピアーズは死の前にガールフレンドに怯《おび》えた声で電話をかけ、ワルシャワで囚《とら》われの身になっており、この場から逃れようと策を練っているところだと伝言。電話が盗聴されていることを警戒してか、具体的な内容は語らず電話を切ったそうだ。また、母親にも身の危険を伝えるメールの前にも、額に刻まれた傷の画像や、息子が奇妙な絹の装束をまとって棺桶に入っている様子を写した画像が送られてきたそうだ。心配になった母親が息子の滞在先のアパートに電話をかけたところ、部屋にいた誰かが〝悪魔的儀式〟という言葉を発していたのを耳にしたという。

母親が最も疑うのは、その電話をかけたとき最初に出たポーランドの女性SF作家モニカ・デュバルである。彼女はスピアーズの友人でワルシャワの宿を提供、遺体の第一発見者でもある。デュバルの証言によれば、スピアーズは死の直前に口から〝黒い液体〟を吐いたと思われる形跡が現場に残っていたそうだ。これが何を意味するのかは定かではないが、母親はデュバルを含む数人が息子を〝悪魔的儀式〟で殺害したのだという。

スピアーズの遺体はイギリスに戻され、現地で司法解剖された。結果は「他殺という結論には達しない」という曖昧なもの。果たして、彼の死には第三者が関与していたのか。真相は闇の中だ。

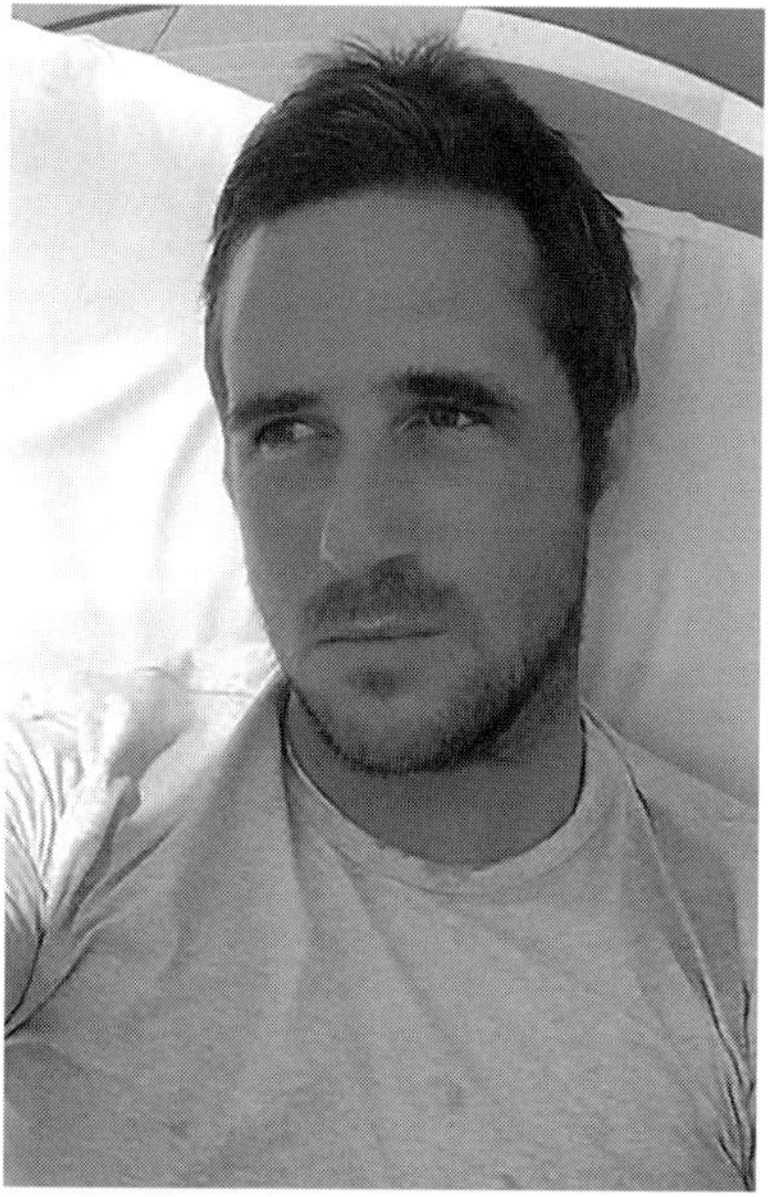

不審死を遂げたマックス・スピアーズ

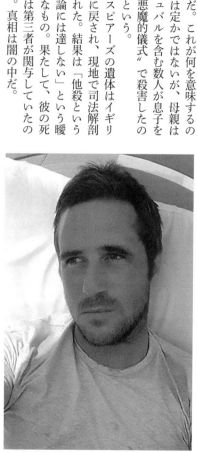

香港美少女全裸水死体事件

反政府デモに参加していたことから香港警察が身柄を拘束、殺害した疑惑も

2019年9月、香港では民主派グループによる激しい反政府デモが行われていた。香港警察は未成年者にも発砲するなど容赦ない対応を行い、その様子は世界に報じられた。こうしたなか、同月22日、香港郊外の〝魔鬼山〟と呼ばれる地区の海岸から裸の女性の水死体が発見された。地元警察は女性の身元について捜索願が出ていた15歳の少女であると発表し、遺体に不審な点がなかったことから自殺と断定、捜査を打ち切った。

しかし、少女の死から2週間後、中国共産党に批判的な論調で知られる香港メディア『リンゴ日報』が、少女の死に他殺の疑いが残ると報じたことでネットが騒然となる。亡くなった少女が頻繁に反政府デモに参加しており、その活動中に行方不明となっていたことから、彼女が香港警察に身柄を拘束された後、性的暴行を加えられ殺害されたのではないかという噂が駆け巡っていたのである。さらに、少女が発見当時裸だったことから、警察が衣服に残った性的暴行の痕跡を消すため服を処理、遺体を自殺に見せかけ海に遺棄した可能性を指摘する声までも上がった。

こうした報道や世論の声の高まりに、香港警察は記者会見を行い「少女は精神的な問題を抱えていた。その結果、自ら海に飛び込み自殺した」と改めて自殺であることを強調した。が、少女が発見された海岸付近には昼夜問わず釣り人が多いにもかかわらず、少女の目撃情報が一

切寄せられていないことや、右の肺に全く水が入っていなかった点、他殺説が浮上した途端に香港警察が遺体を火葬し捜査の打ち切りを発表したことなどから、ますます疑惑が深まる。

一方、少女が死亡する直前の不自然な行動も明らかになった。遺族によると、彼女は8月頃から他人と意志の疎通が図れなくなっており、幻覚や幻聴、妄想などの症状が見られていたという。専門家は少女が統合失調症を患い突発的に自殺を図った可能性を指摘しているが、少女の精神障害は警察による催涙ガスや化学ガスが原因と指摘する声も上がっている。15歳の美少女は殺されたのか、自ら死を選んだのか。真実は闇の中に葬られたままだ。

全裸の水死体で発見された少女

ジェフリー・エプスタイン死亡事件
大物政治家らと交流のあった富豪が人身売買で逮捕された先の監獄で首つり自殺

ジェフリー・エプスタイン（1953年、米ニューヨーク生）はアメリカの大富豪である。高校の数学教師をしていた20代の頃に金融業界のつてを得て大手投資銀行に入行。トレーダーとしての才能を発揮し重役まで出世した後に独立し巨額の資産を形成する一方で、元大統領のビル・クリントン、ドナルド・トランプ、イギリス王室のアンドルー王子、ロックフェラー家、ロスチャイルド家など、多数の著名人や有名一族と幅広い人脈を築いた。

一方、彼は性犯罪者としての顔も持ち合わせていた。遅くとも1980年代後半より児童買春にハマり、フロリダ州パームビーチの邸宅で少女らに金を払い、性的な行為をしたとして2006年に逮捕・起訴される。が、エプスタインは検事との司法取引で児童買春1件の罪を認め性犯罪者として登録する見返りに禁錮18ヶ月の減刑になったどころか、日中に刑務所から外出して普通に働き、夜に刑務所に戻る異例の収監生活が認められ、結局13ヶ月で出所した。

2016年には、1994年当時マンハッタンにあったエプスタインの邸宅で行われたパーティ中に13歳だった少女に性的暴行を働いたとして、その女性に訴えられたものの裁判所はこれを棄却。ちなみに、女性が訴えた相手にはドナルド・トランプも含まれていた。

3年後の2019年7月6日、エプスタインは再び逮捕される。容疑は人身売買で、2002年〜2005年までの間、未成年の少女数十人を性的に搾取したというものだ。FB

Ｉによる家宅捜索の結果、性的人身売買の証拠と、未成年の女性を含む何千枚もの全裸と半裸の写真、金庫の中から女性の名前やプロフィールなどが入ったＣＤが見つかり、言い逃れのできない状況だった。

　しかし、エプスタインは法廷で無罪を主張。裁判所がこれを却下したことで再審を訴え出るが、その最中の8月10日、拘置所内で心肺停止の状態で発見され搬送先の病院で死亡が確認される。当局の発表は首つりによる自殺だった。

ジェフリー・エプスタイン。死の1ヶ月前、2019年7月6日に撮られたマグショット

　エプスタインの死には不審な点が多い。本来いるはずだった同房者がいない監房で1人で収容されており、規定に基づいた看守による30分毎の見回りも実施されず、自殺警戒監視措置が解除されていた。遺体の検死では舌骨を含む複数の首の骨が折れていることが確認されたが、検死官の一部は自殺だとすれば極めて稀な事象であるとも述べている。つまり他殺の線が疑われるのだ。

　ドナルド・トランプら大物政治家とも交流があったエプスタインの逮捕は世界を揺るがす政治スキャンダルに発展する可能性があった。自身が知り得た著名人の醜聞《しゅうぶん》を暴露するのではないかと噂され、逮捕直後から「消される」とも囁かれていた。死の18日前の7月23日に監房内で首を負傷し、意識不明になった状態で見つかった際も暗殺疑惑がメディアを賑わしている。そして、疑問だらけの首つり自殺。彼の死後、大手世論調査会社のラスムセンが行った世論調査では、エプスタインが本当に自殺したと考えているアメリカの成人は29％のみで、42％は彼と親交のある著名人に関して彼が証言するのを防ぐために暗殺されたと考えており、29％は「わからない」と返答。またビジネスインサイダーが２０１９年11月までに行った世論調査では、エプスタインが暗殺されたと考えている人の数が、自殺したと考えている人の数を３対１の割合で上回っていることが判明した。

果たして、エプスタインは世間が思うように何者かに殺されたのか。ちなみに当時の大統領ドナルド・トランプは、エプスタ

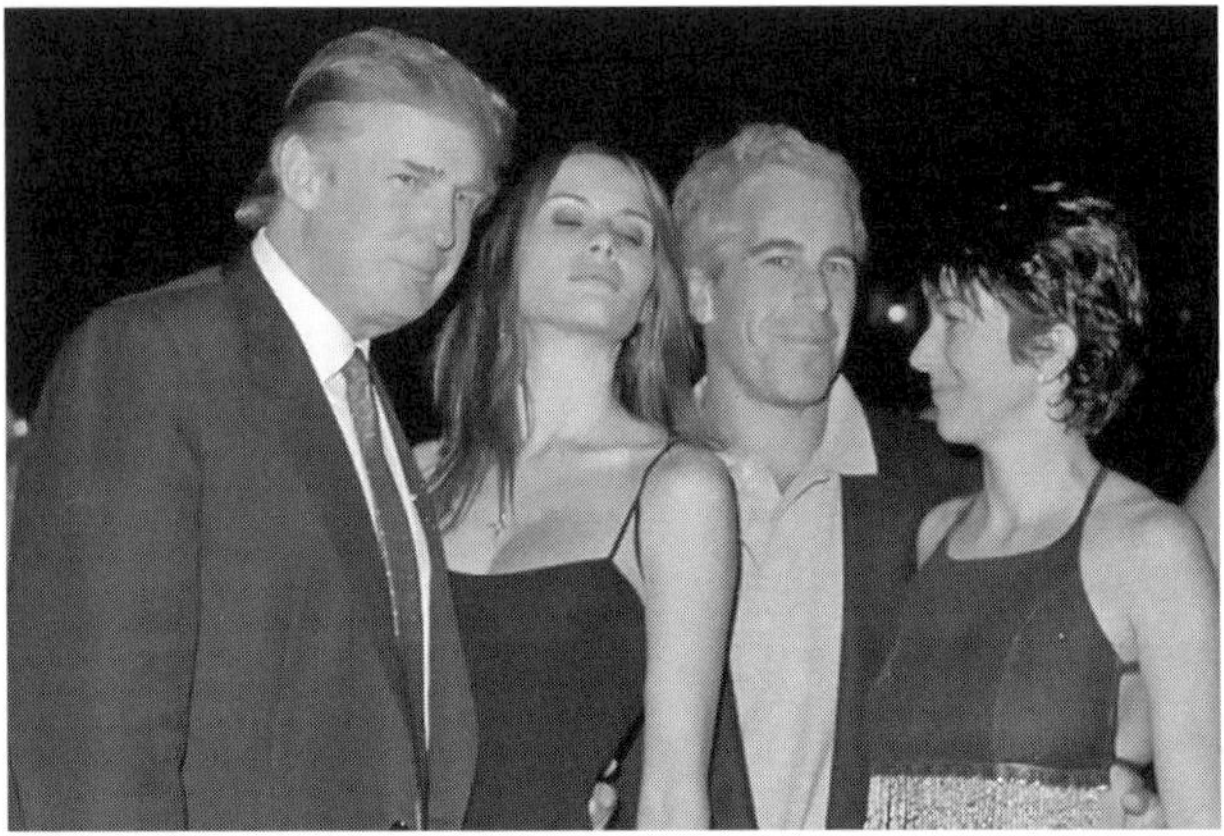

2000年2月12日、フロリダ州パームビーチのクラブで撮影された1枚。左からドナルド・トランプ（後の大統領）、メラニア・クナウス（後のトランプ夫人）、エプスタイン、ギレーヌ・マクスウェル（当時のエプスタインの愛人）

インの死にビル・クリントンとヒラリー・クリントンが関わっているという内容の陰謀説をリツイートしている。クリントンのスポークスマンはそれを否定したが、クリントンがエプスタインの自家用ジェット機で若い女性とともに何度も別荘に訪れていたのも事実。逆に、トランプ自身が秘密の暴露を恐れ刺客《しかく》を送ったとの見方もある。真相はわからない。が、確実に言えるのは、エプスタインが政界経済界の大物と深いつながりがあっただけに、その死の本当の理由が解明される可能性は極めて低いということだろう。

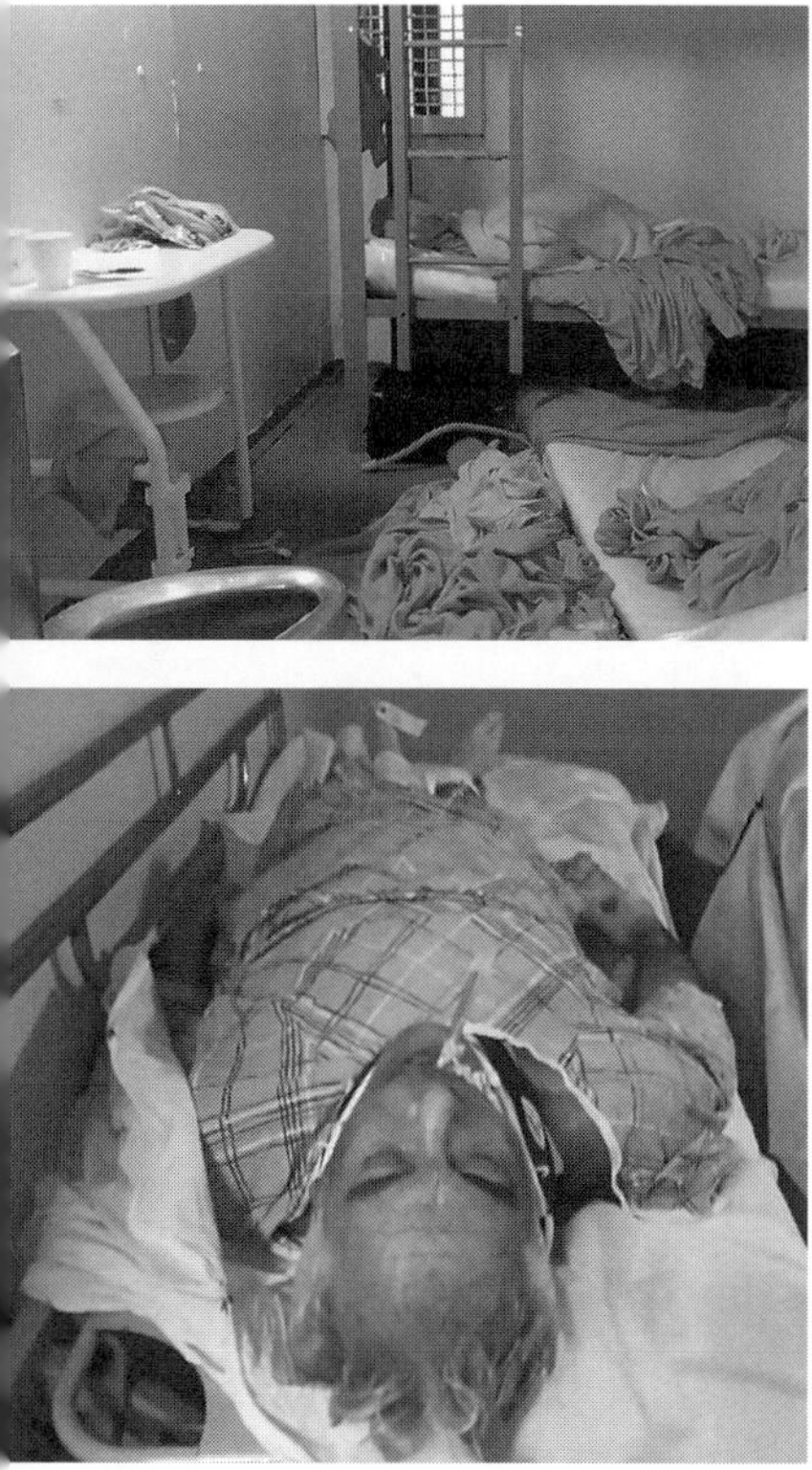

エプスタインが首つり自殺をしたとされる監房と、搬送先の病院で確認された彼の遺体

高知県南国市小2男児水死事件

二転三転する友人たちの証言から「突き落とされた」との疑惑も浮上

2019年8月22日、高知県南国《なんごく》市の稲生《いなぶ》小学校2年の岡林優空《おかばやしひなた》くん（当時7歳）が行方不明となった。この日、優空くんは13時頃に自転車で自宅から外出、17時になっても帰ってこないことを心配した家族が一緒に遊んでいたと思われる友人宅を尋ね回るも、誰も彼を見ていないという。ところが、父親から通報を受けた高知東警察署が調べたところ、小学1年生から5年生までの児童4人と近所の下田川で遊んでいたことが判明。翌23日16時20分頃、下田川《しもだがわ》で優空くんが遺体で発見され、警察は川で遊んでいる最中に溺れ死んだもので事件性はないと捜査を打ち切る。

警察のこの判断は友人らの証言によるところが大きい。最初は遊んでいない、会ってもいないと話していたが、そのうち下田川水門近くのブロック付近で皆で遊んでいたところ、優空くんが一人で泳ぎ出して流されたと証言。さらに、彼がラッコ泳ぎを始めて沈み出し友人らに向かって何度も助けを求め叫んだが、怖くなって全員が家に帰ったと述べている。

いかにも不自然だ。そもそも優空くんは水嫌いで、顔を水面につけられないほどだった。そんな彼がそもそも川で泳いだりするだろうか。また、優空くんが乗ってきた自転車が現場から離れたところで発見されたことも怪しい。一緒にいた友人は優空くんが水中に沈んでいくのを見て「怖くなってその場を離れた」と言っているが、自転車はなぜ乗りつけた場所とは違うところに隠されていたのか。さらには優空くんが流された後、友人たちが現場に残された優空くんの靴や愛読書だった図鑑の扱いを「どうする？」と相談していたことや、「怖くなってその場を離れた」と言っておきながら、当日中に何回も現場に確認に訪れていることも判明している。

真実を知りたい
1,728 件のツイート
お父さん達が
真実に
いつか
どりつけますように。。
フォロー
真実を知りたい
@Bk0bR6
高知小学生水難事故の岡林優空 君の死に疑問を持ち真実を求めて。 お父様→@Hirohina6 御親族様→@asada_ryutaro_　当方に出来る事には限りはありますが…どうか1人でも多くの方に知って頂き、真実に辿り着けるよう、皆様の御協力を宜しくお願い致します。

優空くんの父親が真相解明のため開設したTwitter

こうした状況証拠から「事故死」ではなく「不審死」の可能性が浮上。一部には、優空くんが突き落とされたのではないかとの疑惑も出る。父親はメディアの取材に対し「沈んでしまうまでの数分間を見ながら知らん顔して帰り、行方不明の報道が出ても、そのまま夕食を食べ誰一人として親に話してない。なぜ息子が服を着たまま川に入る行為に至ったのか？　そして仰向けの状態でラッコ泳ぎの様な風に見えたのか？　どうしてもわからない」と答える一方、再調査を求める7万6千人もの署名を集め警察に提出している。報道によれば、その後、遺族の訴えで、いじめの疑いがあるとして第三者委員会を設置することが決まったそうだが、2023年4月現在、真相解明のニュースは流れていない。

第5章 奇々怪々

ケンタッキー肉の雨事件

「ハゲタカの吐瀉物」との説が有力

南北戦争終結翌年の1876年3月3日、米ケンタッキー州バス郡のランキン近郊の91×46メートル四方の範囲に突如、約5センチの赤身肉の断片が数分にわたり空から降ってくるという怪事件が起きた。肉は牛、羊、鹿、熊、あるいは人間の肉とも言われたが正体は不明で、なぜこんな現象が発生したのかも一切わからなかった。

特に大きな被害がなかったこともあり、事件は風化し人々の記憶から完全に忘れさられ128年間が過ぎた2004年、トランシルヴァニア大学の美術教授カート・ゴーデが、学内で資料を調べているうち小さな小瓶を写した写真を発見する。瓶の中に入っていたのは薄汚れた液体と小さな肉の断片。さらに瓶には日付が記されており、それは肉が降った事件当日と同じ日付だったことが判明する。数年前にケンタッキー州に越してきたゴーデ教授は事件に大きな興味を抱いており、この発見に衝撃を覚えた。

さらに詳細を調べていくうち、この肉片は事件当時、分析のためニューアーク科学協会や各大学で科学を教えていた教授らに送られ長らく保管されていたことがわかる。が、科学者の大半が関心を示さず、肉片のサンプルは埃を被ったまま放置されることになる。

結論から言えば、この事件の謎は解けていない。ただ、当時一部の科学者が出した推論は「ハゲタカの吐瀉物《としゃぶつ》」というものだ。ハゲタカの胃の内部は超酸の状態

事件当日の様子を描いたイラスト（ジェームズ・フォスダイク作）と、肉片が入った小瓶

にあるため、体調不良を起こしても嘔吐することはない。腐った肉を食べたところで全て消化し切ってしまうのだ。が、野生界を生きるハゲタカは次にいつ餌を食べられるという保証がないため、一度に可能な限りを腹に詰め込むのが常。そのため、食後はしばらく安静にしているのだが、危険を察知するとすぐに飛び立つのも習性で、事件の日も、同じような事情で食べたものを空中から吐き出したのではないかというのだ。仮説によれば、一匹のハゲタカが嘔吐したのを見た仲間が一斉に吐き、結果、大量の肉の雨になったとされる。

あくまで推論ではあるが、この事件の9日後の1876年3月12日にもロンドンで「野菜のようなものが付着した赤い細胞」が空から降ってきた事件が発生。これも同じ事情だったと見られている。

「L-8飛行船」墜落事件

船内にいるはずの乗務員2人が神隠しのように消失

第二次世界大戦中の1942年8月16日、米サンフランシスコ郊外のデイリーシティで、上空から飛行船がゆっくり降下、送電線に絡まってしまうという事件が発生した。この影響で周辺地域への電力の供給が止まったが、町の住民たちは飛行船の乗務員を助け出そうと救出を急いだ。ようやく、送電線に絡まっていた飛行船を地上に降ろし船室を確認したところで、人々は驚愕する。なんと、中に誰も乗っていなかったのだ。

後の調べで、問題の飛行船は米海軍が所有していた「L-8号」で、当日の午前6時頃、アーネスト・コディ中尉（当時27歳）とチャールズ・アダムス少尉（同32歳）が定期的なパトロールで基地を離陸していたことが判明する。2人とも経験豊富な飛行士で、L-8号自体も1千回以上上空を飛び、4日前にも機体に異常がないことが確認されていた。

午前7時42分、コディが無線で本部に「疑わしい油膜」を調査していることを報告。これは、潜水艦が海面下に潜んでいる兆候である可能性を知らせるものだったが、以降、彼らからの通信は途絶える。その後、飛行船は1時間以上周回した後、サンフランシスコへ向かい、やがてデイリーシティへ。このとき、何千人もの住民が上空をゆっくり飛び、やがて電柱に衝突するL-8号の姿を目撃している。

2人はどこに消えたのか。内部に目立った損傷はなく、ラジオやエンジンは正常に作動。燃

右　乗務員のアーネスト・コディ中尉（上）とチャールズ・アダムス少尉
下　1943年8月16日、デイリーシティの上空を旋回するL-8号と墜落現場

料タンクには4時間のガスが残っていた。さらに、パラシュートも救命艇も手つかずのまま。乗組員が上空の飛行船から消失した方法や理由は誰も説明することができず、1年後、2人の死亡宣告がなされる。

敵の攻撃、エイリアンによる誘拐、失敗した秘密兵器のテストなど彼らの謎の失踪には様々な憶測が流れた。その中で有力なのは、1人が油膜を調査しているときに飛行船から海から落ち、もう1人が救助の途中で溺死したというものだ。が、それを証明する痕跡は一切見つかっていない。

ナショナル航空967便爆破墜落事件

保険金詐欺を企てたとみられる自然療法士の男が逮捕されたが…

1959年11月15日、乗員乗客42人を乗せたアメリカの旅客機ナショナル航空967便が飛行中に突然爆発、炎上するという大事故が起きた。同機は現地時間の23時32分にフロリダ州のタンパ国際空港を離陸、ニューオリンズを経由しロサンゼルスに向かう夜行便だった。巡航高度は4300メートル。機長は天候条件に問題ないと通信で伝えていた。

管制塔が異変に気づいたのは、翌16日午前1時頃。ニューオリンズの東南東190キロメートル地点、メキシコ湾上空で967便がレーダーから消えたのだ。当局は、同機が何らかのトラブルに遭遇したものとみて、すぐにレスキュー隊を出動。大海原のど真ん中である反応消失地点を捜索したところ、10人の遺体と機内装備品の残骸が発見されたものの、残る32人の行方と機体の主要部分は見つからず仕舞いだった。

この事故では早い時点で、機内に仕かけられた爆発物による事件の可能性が指摘されていた。実際に機体は飛行中に破壊されたと見られること、発見された中に焼け焦げた遺体があったからだが、実際に破壊活動があったことを実証できるだけの物的証拠を見つけられなかった。

転機は事故から2ヶ月後の1960年1月に訪れる。アリゾナ州フェニックスで、過去に逮捕・服役経験のある自然療法医のロバート・ヴァーノン・スピアーズが、ウィリアム・テイラーという男性の車を不法に所有していた容疑で逮捕された。調べてみると、スピアーズは

爆破・墜落した967便と同型機のDC-7

967便に搭乗する予定だったが、テイラーを搭乗させ事故後に逃亡、さらにテイラーに多額の保険金をかけていたことが判明した。警察はスピアーズが保険金詐欺を企て、以前塀の中で知り合ったテイラーを脅迫して、本人にもわからないよう爆破装置を持たせて967便に搭乗させ、証拠を回収するのが困難な洋上で爆破したと睨み徹底的に追及する。しかし、本人はこれを完全否定。物的証拠も得られなかったことから、スピアーズが事故の一件で逮捕・立件されることはなかった。ちなみに、テイラーにかけられていた保険金はスピアーズの妻に支払われ、スピアーズ自身は1969年5月、テキサス州で死亡した。

リードマスク事件

人里離れたブラジルの丘で鉄仮面を着用した電気技師が怪死

１９６６年8月17日、ブラジル最大の観光都市リオデジャネイロのニテロイに位置する丘で、凧揚げをしていた18歳の青年が男性２人の遺体を発見した。驚いた彼はすぐに丘を降り警察に通報したが、現場はモロ・ド・ヴィンテムと呼ばれる都市部から離れた、周辺の地形が非常に複雑な丘。警察官と消防士が到着したのは通報翌日のことだった。

現場検証が始まると次々に不可解な点が浮かび上がってきた。地面に横たわった２人の遺体はどちらもフォーマルなスーツを着込み、鉛《なまり》（リード）で作った仮面をかぶり、防水コートを着用していた。遺体の隣には空の水筒と袋詰された２枚の濡れタオル。辺りに争った形跡や目立った外傷はなく、血痕も残されていなかった。さらに遺体の傍らで発見された小さなメモ帳には、次のような文言《もんごん》が記されていた。

「16：30 指定された場所に到着」
「18：30 カプセルを摂取　効果現れた後にマスクの反応を待つ」

ほどなく遺体の身元が判明する。リオデジャネイロ北東部の町カンポス・ドス・ゴイタカゼスに住む電気技師のミゲル・ホセ・ヴァイイナ（当時34歳）とマヌエル・ペレイラ・デ・クルス（同32歳）。２人は３日前の8月14日、家族に仕事で使う電子材料を購入するために出かけるとバスに乗り込み、14時30分頃、ニテロイに到着。防水コートを買った後、バーに立ち寄り飲料水を購入した。これは店のウエイターの目撃情報からわかったことで、店員によればミゲルはひどく緊張した様子で、頻繁に時計を見ていたという。これが最後に確認された彼らの姿で、その後、死に場所となる丘に向かったと思われる。

いったい、何が目的だったのか。聞き込み調査で、2人が普段からUFOに大きな関心を持っていたことが判明したことから、一部では緑が一面に広がるモロ・ド・ヴィンテムで未知との遭遇を試みたと推定された。家族によると、2人が着用していたマスクは彼らが作業場で作ったもので放射線から身を守るためのものだったそうだ。

現場に残されたメモを信じるなら、彼らは何らかのカプセルを服用している。警察はこれを毒物と睨み2人が自殺した可能性もあるとして司法解剖の結果を待ったが、臓器が腐敗していたため死因は特定できず、毒物も検出されなか

怪死をとげたミゲル・ホセ・ヴァイナ（右）と
マヌエル・ペレイラ・デ・クルス

実際の遺体と警察・消防による捜索の様子

ったという。ただ当時、検死を担当した機関は人手が足りておらず、2人の死因には見落としがあったとも見られている。

　2人が着用していた鉛の仮面にちなんで後に「リードマスク事件」と呼ばれるこの事件は、遺体発見から

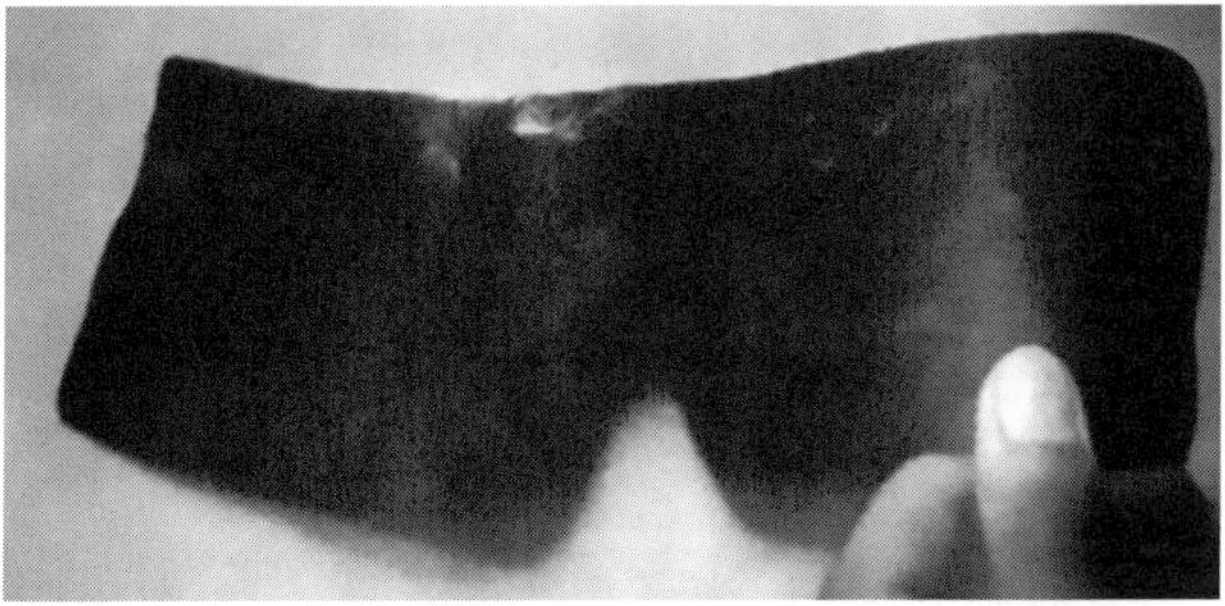

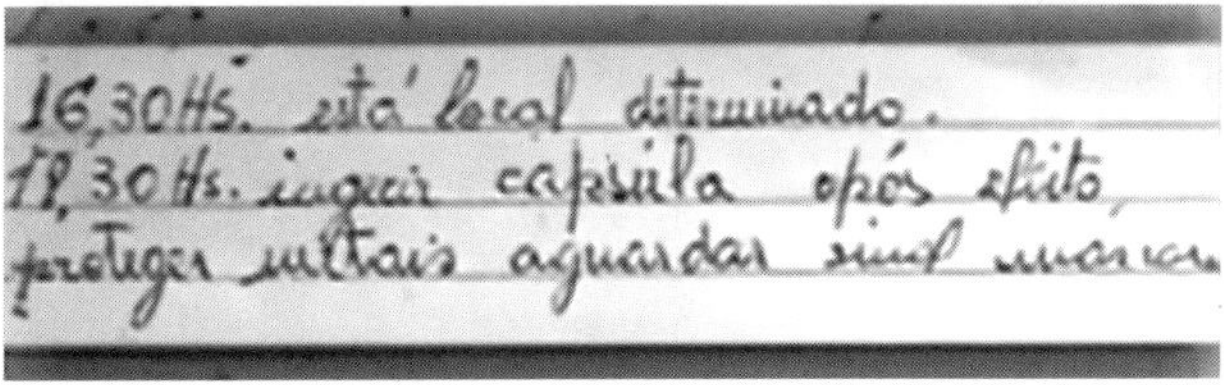

現場から発見された鉛のマスクと手書きのメモ

55年以上が経った現在も謎が解明されていない。その間、ネット上では「何らかの方法でUFOを呼び出して宇宙人と接触した結果、殺害された」「幻覚剤の類を飲んで人知を超えた存在に触れようとしていた」「スピリチュアル関連のカルト集団に所属していたらしい」「単純に薬物のオーバードーズによる死」など様々な憶測が流れ、他にも事件当日、複数の人たちが現場周辺で「強い光を目撃した」と証言したことがわかっている。彼らは自殺なのか、何者かに殺されたのか。もはや都市伝説と化した事件の真相が明らかになる可能性は極めて低い。

ロバート・ダニエル・コリボー事件

病院から失踪したベトナム戦争の英雄の行方が44年後に判明

ロバート・ダニエル・コリボー（1947年、米マサチューセッツ州生）はベトナム戦争の英雄だった。1965年にアメリカ海軍に入隊、新兵訓練と野戦訓練を受けた後、第4海兵師団に配属、現地に派兵され北ベトナム軍を相手に激しい戦闘を幾度も経験。勲章を5回授与されるほど目覚ましい活躍を見せたが、1968年春、左腕に被弾し帰還を余儀なくされる。傷が癒えた頃、いったん両親のいる自宅に戻ったものの、戦場で多大なストレスを受けたことでPTSD（心的外傷後ストレス障害）を発症、ペンシルベニア州フィラデルフィアの海軍病院の閉鎖病棟へ入院することとなる。

通常なら、外出することもままならない閉ざされた世界。にもかかわらず同年11月18日深夜、彼はベッドの上からこつ然と姿を消してしまう。ほんの数日前、母親に「感謝祭（11月25日）には一度自宅に帰りたい」と話していたロバートに失踪する特別な理由はなかった。すぐに警察や軍関係者による施設内外の捜索が始まったが、その行方は杳として知れない。果たしてロバートは軍から脱走兵とみなされ、生死も定かではないまま人々の記憶から忘れさられる。

それから44年が経過した2012年9月17日、衝撃的な事実が発覚した。ロバートの妹が、過去にフィラデルフィア周辺で発見された身元不明者の遺体の中に兄がいないか、警察にDNA捜査を依頼したところ、そのうちの1人のDNAがロバートと一致したのだ。しかし、その遺体が発見されたのはロバートが病院から姿を消したわずか4時間後のこと。定期パトロールを行っていた警察が高速道路沿いに座ったまま亡くなっている男性を見つけたのだが、身分証明書を所持していなかったため身元が特定できず、そのまま不明者扱いに。死因は、心臓を細い刃物で突き刺されたことによる失血死で、頭部には海軍のピーコートが被せられていた。つまり、ロバートは病院から姿を消した直後に、何者かに殺害されていたのだ。さらに不思議なのは、遺体の発見場所が病院から50キロも離れていたことだ。

真相は定かではないか、遺体発見場所に血痕などが見つからなかったことから、ロバートは何らかの事情により病院内で軍関係者によって殺害された後、遠く離れた路上に遺棄された可能性が高いという。

上　ロバート。失踪当時20歳
下　息子の写真を手に真相解明を訴える母キャスリーン

実業家チャック・モーガン変死事件

見知らぬ女からの謎の電話と消えた大金。事件は自殺として片付けられたが……

1977年3月22日、米アリゾナ州南部の都市ツーソンで妻ルース、4人の娘と暮らしていた。不動産の証書受託会社（不動産に対して客観的に評価を付けたり、不動産取引を代行する業者）経営のチャック・モーガン（当時39歳）が、車で娘を学校に送った後、行方不明となった。何の連絡もないことに不安を募らせた妻が警察に連絡しかけた3日後の深夜、裏庭で飼っていた番犬が吠え始める。警戒しながらルースが裏庭を確認したところ、手首と足首にプラスチック製の結束バンドが巻かれ、裸足でボロボロの状態のまま地面に転がる夫の姿が目に飛び込んできた。すぐに自宅に運び込み、事情を聞く妻にチャックは無言のままペンを握って「声を出すことができない」「誰かが自分の喉に薬物を塗った」と記し、さらに「家族の命に関わるから、病院や警察への連絡は絶対にやめてくれ」と書き加えた。

数日後に体調が回復したチャックは、妻に打ち明けた。

「ここ数年、連邦政府からの依頼で秘密裏に仕事を請け負っている」

寝耳に水の話だったが、チャックは詳細を語らぬまま、ほどなく仕事に復帰。いつもの平穏な日常が戻ってきたかに思われたが、3ヶ月後に再び失踪する。妻は夫から強く止められていたため警察への連絡を控え連絡を待ち続けていると、9日後、見知らぬ女から電話がかかってきた。

「ルースですか？　モーガンは無事よ。伝道の書12、1－8」

女はそれだけ言って電話を切った。自宅のあるツーソンから60キロほど離れた場所で、買ったばかりの新車の側に横たわるチャックの遺体が発見されたのは、さらに2日後の6月18日のことだ。

現場の様子から、チャックが何らかの事件に巻き込まれていたのは明らかだった。遺体は防弾チョッキを着用、ベルトに隠しナイフ、リボルバーの拳銃で武装。車内からは予備の弾丸、無線機、ハンカチに包まれたチャックの歯が発見され、さらに着用していた下着の中には7人のスペイン人の名字が書かれた紙幣と「伝道の書12」と書き込まれた地図がねじ込まれていた。

チャック・モーガン。近隣住民からは家庭を大事にする裕福な経営者と思われていた

司法解剖の結果、チャックは自分の持っていた拳銃によって後頭部を撃ち抜かれ死亡したことが明らかとなる。自殺にしては不自然で、凶器となった拳銃からは指紋が拭き取られていた。では、彼は誰かに殺害されたのか。

その後の捜査で、証書受託会社を経営していたチャックが、マフィア組織からの依頼を受けて土地や金、プラチナを購入し、マネーロンダリングの片棒を担いでいたことが明らかになった。さらに、事件当時は伏せられていたが、チャックはメキシコとの国境付近で行われていた違法行為に関して、政府の捜査に協力していたことも判明。つまり、周囲からは普通のビジネスマンだと思われていたチャックは、犯罪組織と、犯罪を取り締まる組織の板挟みとなりながら、危ない橋を渡っていたのだ。

さらに捜査では、2回目の失踪で家族の元から姿を消してから遺体で発見されるまでの間、チャックは1週間以上もモーテルに身を潜めていたこともわかった。モーテルで彼に会った人物の証言によれば、チャックはスーツケースに数千ドルの現金を所持しており、使い道を尋ねると「契約を終了させるため」と答えたという。

こうした状況から警察は次のような仮説を立てる。裏切りに気づいたマフィアから命を狙われていたチャックは、ヒットマン

遺体発見現場

下着の中から見つかったスペイン人7人の名前が書かれた紙幣。
これが何を意味するのかわかっていない

を買収して自分の命を繋ぎ止めようとした。そして、交渉のためヒットマンと待ち合わせた際、所持していた拳銃を奪われた後に後頭部を撃たれ、大金も持ち去られてしまった――。

しかし、最終的に警察が出した結論は自殺。チャックの死を捜査していけば、マフィアだけでなく、政府や政治家にとっても都合の悪い事実が明るみになるため、警察が面倒なことを避けた可能性が高い。実際、残された娘たちは後年、次のように語っている。

「私の父は、政治家や経営者の弱味につながる情報を多く握っていました。口をふさぎたい誰かの手で父は殺されたのだと確信しています」

遺族はこう訴えるも、警察が捜査を完全に打ち切った今、真相が解明されることはないだろう。

ジグムンド・アダムスキー怪死事件

エイリアンの攻撃を受け死亡したとの説も

1980年6月6日15時30分頃、英ウェストヨークシャー州ウェイクフィールド近郊のティングリーに住む炭鉱夫のジグムンド・アダムスキー（当時56歳）が「近所の店に食料品を買いに行く」と自宅を出て、近所の人と立ち話をした後、消息を絶った。家族が心配するなか5日後の6月11日、自宅から約32キロ離れたトッドモーデンの、高さ約3メートルの石炭の山の上で彼の遺体が発見される。外出時と同じスリーピースのスーツを着用していたものの、シャツは脱がされ。靴ひもは奇妙に結ばれ、髪が短く切られていた。また、5日間失踪していたにもかかわらず、前日にひげを剃っていたことが後に判明。遺体は仰向けになっていたが石炭は付いておらず、目が大きく見開かれ、火傷の跡があった。それは酸による火傷に似ており軟膏で治療されていたものの、司法解剖でも死因は特定できなかった。

警察は他殺の線で捜査を進めるが、全く手がかりがつかめない。そこで浮上してきたのが、アダムスキーがエイリアンによる攻撃で死亡していたのではないかという説だ。当時、遺体が発見されたトッドモーデンの周囲では多くのＵＦＯ目撃報告があった。実際、捜査を担当した警察官の1人も事件から5ヶ月後の年11月、現場からほど近い場所でＵＦＯと遭遇している。飼牛の群れが迷子になったという通報を受けて付近を捜査していたところ、その間に奇妙な「時間の消失」を体験。彼はこれを自分が目撃したＵＦＯによるものと考え上司に報告。荒唐無稽な話として退職を余儀なくされたが、後にＵＦＯのスケッチを作成、２人の人間ではない存在から身体検査を受けたという体験談をメディアに公開し、世界中で話題となった（後に「自分の体験は夢だった」と発言を撤回している）。

一方、アダムスキーは家族に殺害されたという説もある。当時、彼は家庭内でトラブルを抱えており、それが原因で命を奪われたというのだ。真相は闇の中だ。

上　不可解な死を遂げたジグムンド・アダムスキー
下　事件とUFOの関連を報じる『Sunday Mirror』紙

Sunday Mirror
BINGO Eyes down for Game No. 2 INSTANT BINGO
WIN £10,000 TODAY —See Page 3
First picture of the White Cliffs baby
AMAZING UFO DEATH RIDDLE
Experts baffled by burns on man
Priscilla Presley's new life
MY LOVER AGED 22 BY OLIVIA NEWTON-JOHN
Crunch day for Labour

テリー・マクルーア銃殺事件

息子の結婚式に参列した3日後に遺体で発見。警察は息子を疑うが…

1983年1月14日、米ネバタ州リノに住むテリー・マクルーア（当時62歳）は、同州とカリフォルニア州の州境のシエラネヴァダ山中にあるタホ湖のホテルで行われる息子ティム（同31歳）の結婚式へ出席した。息子の新たな門出を祝った彼女は自宅へ戻る前に式の参列者たちと近くのカジノでギャンブルを楽しむことに。しかし翌日、テリーはカジノに出かけたまま行方不明となる。一緒にいた参列者たちは「気づいたら姿が見えなくなっていた」と口を揃えるも、自宅へ戻った様子はない。心配した息子のティムは警察に母の捜索を依頼する。

失踪2日後の17日、テリーはネバダ州カーソンシティにあるカジノの駐車場に停められた車の中で遺体となって発見される。何者かに頭部をピストルで2発撃たれていた。警察が疑いを向けたのは、捜索を依頼してきた息子ティムである。テリーが半年前に入った1万ドルの生命保険の受け取り人が彼だったことに加え、供述にも違和感があった。テリーの失踪直前、ティムが母親の使用しているクレジットカードの会社に問い合わせて利用停止を申請していたことについて質問された際、顕著な動揺が現れた。捜査員が追及したところ、ティムはカード会社に連絡したのは母が亡くなって3日後で、カード会社が日付を誤って記したと弁明したが、明らかな偽証だった。が、逮捕・起訴するまでの物的証拠もない。警察はやむなく彼を解放する。

それから6年後の1989年4月、ティムは大胆な行動に出る。未解決事件を特集するテレビ番組に母の事件を自ら売り込み、放映させたのだ。これを挑発行為とみなした警察は１９９2年９月に殺害容疑でティムを逮捕。しかし、ネバダ州の検察当局は証拠不十分で、起訴を見送る。この一件で、今後、新しい証拠が出てこようと、ティムは母親殺しの容疑で再び起訴される可能性はなくなった。

単に証拠がないだけで、やはりティムが保険金目当てで母親を殺したのか。それとも真犯人は別にいるのか。事件発生からすでに30年弱。迷宮入りの様相は深まるばかりだ。

上　テリー・マクルーア。殺害当時１万ドルの保険金がかけられていた
下　事件発生から12年後に容疑者として逮捕された息子のティム

夜狸猫《よだぬきひょう》事件

一晩のうちに全村民、家畜が消失。中国政府の関与を疑う説も

1987年、中国・陝西省《せんせい》の晶山村《しょうざん》で前代未聞の事件が発生した。一晩のうちに全村民の他、村にいた犬も猫も全て煙のように消滅してしまったのだ。何者かに拉致・誘拐されたのか。しかし、警察が捜索しても村に事件性をうかがわせる形跡は皆無。では集団逃亡か。それも無理がある。村民全員が住み慣れた村を捨てる理由など考えられないし、仮に集団逃亡だったとすれば、逃亡先の土地で話題にならないわけがない。あまりに不可解な事件に、巷では宇宙人による誘拐説が浮上する。事件の直前に晶山村の付近でUFOが頻繁に目撃されていたからだ。が、この説も荒唐無稽である。

現在、最も有力な説は、中国政府が人民解放軍を使って村民全員を別の新しい土地に強制移住させたというものだ。国家が事前に用意した先住民がいない場所に移動したことに加え、村民に対し政府が厳しい緘口令を敷いたため一切情報が漏れてこないという。この説を補充する情報として、事件の直前に甘粛省《かんしゅく》の蘭州《らんしゅう》にある人民解放軍の基地で、出動のための大規模な準備が行われており、この軍事プロジェクトのコードネームこそが「夜狸猫」だったというものもある。

では、なぜ中国政府は村民を強制退去させたのか。これにも諸説あり、一つは晶山村が風水的に人間や動物などの生命活動に適さなかったとするもの。風水は中国から古くから伝わり重

視されてきた思想で、逆らうと国家支配者の運気にも関わってくるらしい。もう一つは村近くに核開発の施設があったために村人の安全確保のために強制的に移動させたという説だが、いずれにせよ中国当局は事件への関与を全面否定。真相が明らかになる可能性は低いだろう。

ちなみに、中国では清《しん》代の光緒《こうちょ》年間（１８７５年〜１９０８年）に似たような事件が起きている。福建《ふっけん》省にあった人口約１千人の坑辺村で、一晩のうちに住民全員がこつ然と失踪したそうだ。付近で大きな自然災害が発生し、被害を避けるために移住したのではないかという説が提唱されたが、当時の記録を調査しても災害発生の形跡は全く残されていないそうだ。

住民失踪後の晶山村を写したとされる画像

ハマル＝ダバン事件

嘔吐、出血、けいれん。唯一の生存者が語った恐るべき死の瞬間

ロシアでの登山中の不可解な遭難事故といえば、男女9人が怪死をとげた1959年のディアトロフ峠事件が有名だが、1993年、それにも匹敵する謎の事件が起きている。男女6人が不審死したハマル＝ダバン事件である。

バイカル湖の南を東西に延びるハマル＝ダバン山脈は、風光明媚《ふうこうめいび》な場所として多くの登山家が訪れる人気の観光スポットだ。1993年8月2日、この地でトレッキングを楽しむため、登山インストラクターのリュドミラ・コロヴィナ（当時41歳）率いるグループがハマル＝ダバン山脈に近いブリヤート共和国ムリノにやってきた。メンバーはリーダーのリュドミラと、彼の教え子であるアレクサンドル・クリシン（同23歳）、タチアナ・フィリペンコ（同24歳）、デニス・シュヴァチキン（同19歳）、ヴィクトリヤ・ザレソバ（同16歳）、ティムール・バパノフ（同15歳）、ヴァレンチナ・ウトチェンコ（同17歳）の計7人。みなリュドミラの指導のもと数ヶ月前から訓練に臨んでおり準備は万端だった。

最初の2日間は快晴で予定以上に距離を進めた一行だったが、8月4日に天候が悪化し、大雨が止むまで待つことを余儀なくされる。翌5日朝、彼らは服も荷物もびしょ濡れのまま出発。この日はリュドミラの娘ナタリアが率いる別グループと合流する予定だった。が、ナタリアのグループが無事に合流地点に到着したにもかかわらず、夜遅くになってもリュドミラの一行が

来ない。そして、彼らはそのまま行方不明となってしまうのである。
　5日後の8月10日、ハマル＝ダバン山脈のふもとの川でカヤックを漕いでいたグループが、河岸に佇む1人の女性を発見した。女性は全身が乾いた血で覆われており、発見者たちが声をかけてもまともに話すことができない。最終的に警察が彼女を保護し事情を聞いたところ、自分はヴァレンチナ・ウトチェンコで、他の6人と登山中に遭難したと打ち明けた。しかし、ヴァレンチナが具体的な遭難状況を話す状態になかったことから警察は捜索に戸惑い、8月26日になってようやくリュドミラら6人の遺体を発見する。司法解剖の結果、リュドミラの死因は心臓発作、他のメンバーは低体温症と判明。メンバーの肺はみな傷ついており、栄養失調によるタンパク質の欠乏も見られたことから、その死は偶発的な遭難事故として処理される。

登山隊のメンバー。左からティムール、タチアナ、ヴィクトリヤ、デニス、ヴァレンチナ（唯一の生存者）、リュドミラ（リーダー）。写っていないアレクサンドルが撮影した写真と思われる

しかし、落ち着きを取り戻したヴァレンチナが数年後に改めて話した事の詳細は想像を超える怪奇なものだった。8月5日、ナタリアのグループとの合流予定日の朝、リーダーのリュドミラは悪天候からこれ以上進むことは危険だと判断、山を降りることにしたそうだ。そのとき、突然アレクサンドルに異変が発生。口から泡を吐き、口、目、鼻から出血、けいれんを起こして地面に倒れ、そのまま死んでしまったのだという。さらに彼を介抱していたリュドミラにも同じような症状が現れ、アレクサンドルと折り重なるように倒れて死亡。そのリュドミラを助けようとしたタチアナもけいれんを起こし、這いずるように岩に登ると、なぜか頭を繰り返し打ちつけて死んだそうだ。

仲間3人が次々死んでいく光景を見て、デニスは岩の影に隠れ、ヴィクトリヤとティムールは走って逃走した。が、ヴィクトリヤとティムールも、やがて3人と同じように血を吐いて喉をかきむしり死亡。服を脱いで死んでしまった。信じがたい事態に、ヴ

最後に撮影された一行の姿

遺体の多くは、この斜面で見つかった

アレンチナは足がすくんで立ち尽すばかりだった。ヴァレンチナはデニスと現場から逃げ出したが、すぐにデニスもけいれんを起こしたため、ヴァレンチナはデニスを置き去りにして、一人で下山。4日間のサバイバル生活を経て川にたどり着いたという。

ヴァレンチナの証言がどこまで本当なのかはわからない。が、6人が人里離れた山奥で奇妙な死をとげたのも事実。その原因について、毒キノコを食べてしまったという説やバイカル湖から流れてきた汚染水を飲んだためという説、果てはエイリアンによる攻撃説など様々な仮説が提唱されているが、最も有力なのは軍による生物化学兵器の実験に巻き込まれたというものだ。ただ、夏のハマル＝ダバン山脈は人気の登山スポットであり、そんな場所で危険な実験を行う必要があるのかという疑問は残る。また、なぜヴァレンチナだけが生き残ることができたのかも不可解だ。真相は謎に包まれている。

アリゾナ州キャンプ場トラック暴走事件

働き者の運転手が豹変！ 失踪2年後に本人の頭蓋骨発見

1995年5月23日、大勢の人々がバーベキューやアウトドアを楽しんでいた米アリゾナ州にあるトント国有林のキャンプ場に、突然10トントラックが乱入した。運転手は無表情で車を暴走させ、人々はパニックになり現場から逃走。幸い死者や怪我人は出なかったが、その後、警察の捜査で奇妙な事実が浮上する。なぜ運転手がトラックを暴走させたのか、全く理由がわからないのだ。

車を運転していたのは、カンザス州エンポリアに住むデビン・ウィリアムズという当時29歳のトラック運転手だった。3人の子供の良き父で職場の評判も上々。とても大勢の人間を危険にさらすような人物ではなかった。事件当日もデビンはカンザス州とカリフォルニア州をトラックで往復して、荷物の配送を行う予定になっていた。が、彼は荷物を届けることなく、アリゾナのキャンプ場でトラックを暴走させた後、姿を消してしまう。いったい、何が起きたのか。

事件直後、キャンプ場から少し離れた森の中でハイキングをしていた男女2人が、錯乱状態のデビンを目撃している。停車したトラックの傍らで立ち尽くす彼は明らかに様子が変で、警戒する2人に向かって「あいつらが俺にやらせたんだ。俺は刑務所行きだ」と口にしたという。目撃した男性は、彼が誘拐事件や刑務所の脱獄などに関与したのかと思ったそうだ。さらに、デビンは現場周辺の道路上をフラフラ歩く姿も目撃されている。そこを偶然、キャンピン

事件を起こしたデビン・ウィリアムズ(右)。
愛する妻と3人の子供に恵まれ、傍から何も問題がないように思えた

グカーで通りかかったカップルが停車して「何か困ったことでもあったのか？」と話しかけたところ、「グリルに火をつけなきゃならない」とつぶやき、近くに落ちていた石を拾い上げると、手に持っていた20ドル札に何度も叩きつけたそうだ。そして、これを最後にデビンの目撃情報は途絶える。

全く悪い噂のなかったデビン・ウィリアムズは、隠れて何か違法行為に関わっていたのではないか。目撃者の証言から疑いを強めた警察は、乗り捨てられていたデビンのトラック内を徹底的に調査する。しかし、内部はきれいに片付けられており、

デビンがトラックを暴走させたキャンプ場があったアリゾナ州のトント国有林

事件につながるような証拠は皆無。その後もデビンの行方は知れず、やがて捜査は打ち切られる。

目撃情報から推察するに、デビンは精神に異常をきたしていた可能性が高い。しかし、彼には精神科への通院歴はなかった。運送会社の上司によれば、事件当日、カリフォルニアへ出発する前にも特に異変は感じられず、おかしな行動もなかったという。失踪する数日前に、上司はデビンから「不眠の悩み」を相談されていたが、気に留めるほどのことでもなかった。

デビンの奇妙な失踪事件に巷では様々な憶測が流れた。運転席の後ろから銃を突きつけられてキャンプ場を暴走するよう命じられた、人生に疲れ自らの意思で事件を起こし姿を消した、トラックで荷物を配送するついでにドラッグの運び屋をしており何らかのトラブルに巻き込まれた等々。中には、当時、アリゾナ周辺ではＵＦＯの目撃が相次いでいたため、地球外生命体に精神をかき乱されたうえでの暴走という噂まで流れたという。

事件から2年後の１９９７年5月2日、デビンが最後に目撃された場所からわずか４００メートルの地点で人間の頭蓋骨が発見された。歯の治療記録と照合した結果、それは失踪したデビンの頭蓋骨と判明。その他の遺骨は発見されず死因を特定することはできなかった。ただ、謎として残るには、頭蓋骨が見つかった場所が事件当時、警察が入念に調べた地域だったということだ。なぜ、2年も経過して突然、頭蓋骨が発見されたのか。噂では、デビンは失踪後に何者かに殺害され、その犯人が意図的に現場に骨を遺棄したのではないかと言われている。

写真はイメージ

ブレア・アダムス変死事件

突然、会社を辞めアメリカへ。カナダ人男性の謎すぎる行動

１９９６年７月11日午前７時30分頃、米テネシー州の工業都市ノックスビルで男性の遺体が発見された。男性はズボンを脱いだ半裸の状態で、体中に暴行を受けた形跡があり、遺体の周りにはドイツ、カナダ、アメリカの紙幣が大量に散らばっていた。現場に残されていた財布の中からＩＤが見つかり、遺体の身元はカナダのブリティッシュコロンビア州に住むブレア・アダムス（当時31歳）と判明。建設会社の現場監督で仕事ぶりはいたって真面目、職場の評判も上々だったが、母親によれば、息子は事件の数週間前から不眠に悩み、明らかに問題を抱えているようだったという。ただ、母親がその理由を尋ねてもブレアは口ごもり具体的な悩みを打ち明けることはなかったそうだ。

警察が捜査を進めると、ブレアが死の直前、奇行を繰り返していたことがわかる。順を追ってみよう。

▽７月５日土曜　銀行の預金を全て引き出し、貸し金庫に入れていた宝石、金、プラチナなどを回収。

▽７月６日日曜　レンタカーで国境を越えてアメリカへの入国を試みるも、車中に大金と貴金属を所持していたため、ドラッグ密売の疑いをかけられる。調査の結果、過去に麻薬と暴行の

罪で有罪判決を受けたことが判明し入国を拒否される。
▽7月7日月曜　職場で上司に辞職を願い出て、その場で退職金を小切手で受け取る。
▽7月8日火曜　午後、突然、友人の家に現れ、パニック状態で「命が狙われている」と訴え、国境を越えてアメリカへ連れて行ってほしいと懇願。友人は支離滅裂なブレアの頼みを断る。
▽7月9日水曜　バンクーバー国際空港で日産アルティマをレンタルし、アメリカとの国境へ。今回は無事に入国をクリアし、そのままワシントン州シアトルへ。シアトル・タコマ国際空港でドイツのフランクフルト行き往復航空券を1600ドルで購入。ブレアは以前、継父が経営する建設会社の仕事でフランクフルトに出向いたことがあった。しかし、なぜかその後、ワシントンDC行きの片道航空券を770ドルで購入。ワシントンDCとの往復チケットは約400ドルほどで購入することが可能だったが、片道だけで倍近い値段のチケットをなぜ買ったのかは謎。ワシントンDCにはその日の夜に到着。
▽7月10日木曜　午前6時45分頃、ダレス空港でレンタカーを借り、約800キロ離れたノックスビルに夕方到着。17時30分頃、ガソリンスタンドに立ち寄り店員に「車のエンジンがかからないので直してほしい」と訴える。店員はブレアが車を借りたレンタカー会社に問い合わせするも、すでに営業時間を過ぎていたため、翌

ブレア・アダムス。事件数週間前から何かしらのトラブルを抱えていた

日まで近くのホテルへ宿泊することに。18時30分頃、チェックイン。対応したフロントスタッフの証言によれば、ブレアは何か妄想に取り憑かれているような態度で誰かを待っている様子だったという。それを裏づけるように、防犯カメラには、落ち着きなくホテルのロビーを行ったり来たりするブレアの様子が残っている。19時37分、フロントドアから外出、その後、ホテルに戻ることはなかった。

ホテルを出てから12時間後、ブレアはホテルから800メートルほど離れた駐車場で傷だらけの遺体となって発見される。司法解剖の結果、体の切り傷は何者かの攻撃を防いだ際にできたもので、頭部にはゴルフクラブで殴られたような傷跡、直接的な死因は激しい殴打による胃の破裂と判明した。殺人の疑いが濃厚とみた地元警察は捜査に着手するも、現場からは犯人の特定につながる有力な証拠は見つからなかった。ただ、ホテルを出て

ノックスビルのホテルの監視カメラが捉えたブレア（中央の男性）

上　遺体発見現場から見つかった大量の紙幣
下　ブレアがホテルを出た後、
会っていたと思われる男性の似顔絵

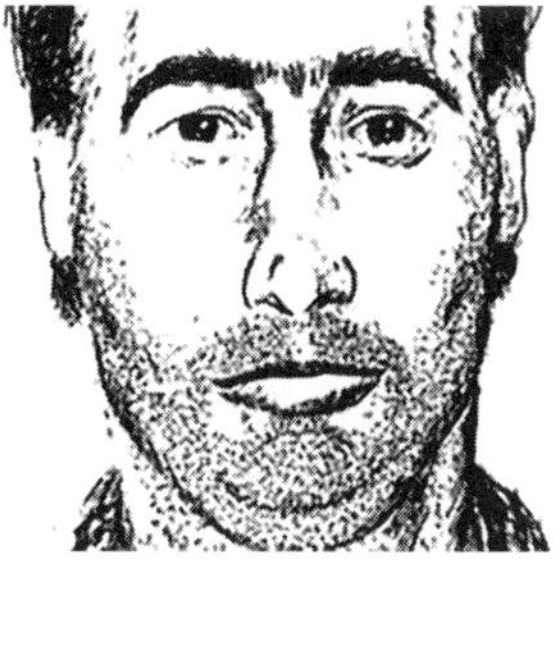

からブレアらしき男性が、30代と思しき別の男性と話している姿を2人の女性が目撃していたことが判明。警察はその男が事件に関与している可能性があるとして似顔絵を公開したが、有力な情報が寄せられることはなかった。
ブレアは何から逃げていたのか。それは彼の妄想に過ぎなかったのか。目撃された男性は何者なのか。２０２２年3月現在、事件は未解決である。

ジョシュア・マドックス事件

失踪から7年後、山小屋の煙突の中から白骨遺体になって発見

ジョシュア・マドックス（1990年生）は、米コロラド州テラー郡のパイク国有林にある人口約8千人の町ウッドランドパークで暮らす音楽好きな明るい青年だった。両親は早くに離婚したものの、父親と兄1人、2人の妹と送る暮らしは幸福に溢れていた。しかし、2006年6月、彼が16歳のとき、2歳上の兄ザカリーが重度のうつ病を患い、高校卒業1週間前に自ら命を絶つ。家族の悲しみは果てしないものだった。

2年後の2008年5月8日、ジョシュアは妹に「散歩へ行ってくる」と伝え外出した。彼は自然散策が大好きで、妹にとっては見慣れた兄の行動だった。しかし、夜になってもジョシュアは戻らなかった。心配した家族や知人が周辺一帯を捜したものの見つからず、失踪5日後に父親が警察に連絡する。

当局は数ヶ月にわたり広域捜査を展開する。が、その足取りは全くつかめなかった。当時、彼は高校の友人とバンドを組んでおり、ふと1人で別の町へ行き音楽活動に勤しんでいるものと家族は儚《はかな》い希望を抱くも、ジョシュアが何も言わず家出するわけがない。もちろん、自殺する理由など微塵もなかった。

ジョシュアがこつ然と姿を消し7年が過ぎた2015年8月6日、彼の自宅から約1・6キ

ジョシュア（左）と妹のケイト

ロ離れた場所に建ち、10年ほど使用されず放置されていた山小屋の解体が行われた。作業員が掘削機《くっさくき》を使って2つある煙突の1つに解体に取りかかるべく内部に入ったところ、ありえないものが目に飛び込んできた。人間の白骨死体。解体作業は中止され、警察が死体の身元特定を進めた結果、衣服などからその遺体は7年前に失踪したジョシュアと判明する。当時、警察はこの山小屋も捜索していたのだが、煙突の内部までは確認していなかった。

では、なぜジョシュアは山小屋の煙突に入ったのか。現場からは数々の不審点が見つかった。まずは遺体の状況。発見時、遺体は頭を下、足を上にした体勢をとっていた。自ら煙突に入ったのであれば、足が下になっているのが自然。中で体勢を変えた可能性も否定できないが、人間1人がぎりぎり入れる煙突内で体の向きを変えるのは極めて困難。ということは、ジョシュアは何者かによって、煙突の中に頭から放り込まれたのではないのだろうか。さらに、小屋の中からはジョシュアが家を出る際に着ていたズボンやジャケットが発見されたのも不自然だ。衣類は煙突の真下ではなく内側に放置されていた。煙突の上から放り込むことは不可能だ。となれば、ジョシュアは一度、山小屋の中に入った後、何らかの理由で服を脱いだ可能性が浮上する。なぜ、そんなことをしたのか。考えられるのは、ジョジュアとは別の第三者が山小屋で彼の服を脱がした疑いである。

こうした不審な状況証拠があるにもかかわらず、検死でジョシュアの遺体に外的損傷の痕跡がなかったことから検察は脱水症、もしくは低体温症による「事故死」と判断し捜査を打ち切る。しかし、その結論に誰もが納得していなかった。

この事件では、後にアンドリュー・リチャード・ニューマンなる男が容疑者として浮上していたことが判明している。彼は障害者を刺殺した罪で当時刑務所に収監されており、同房者に

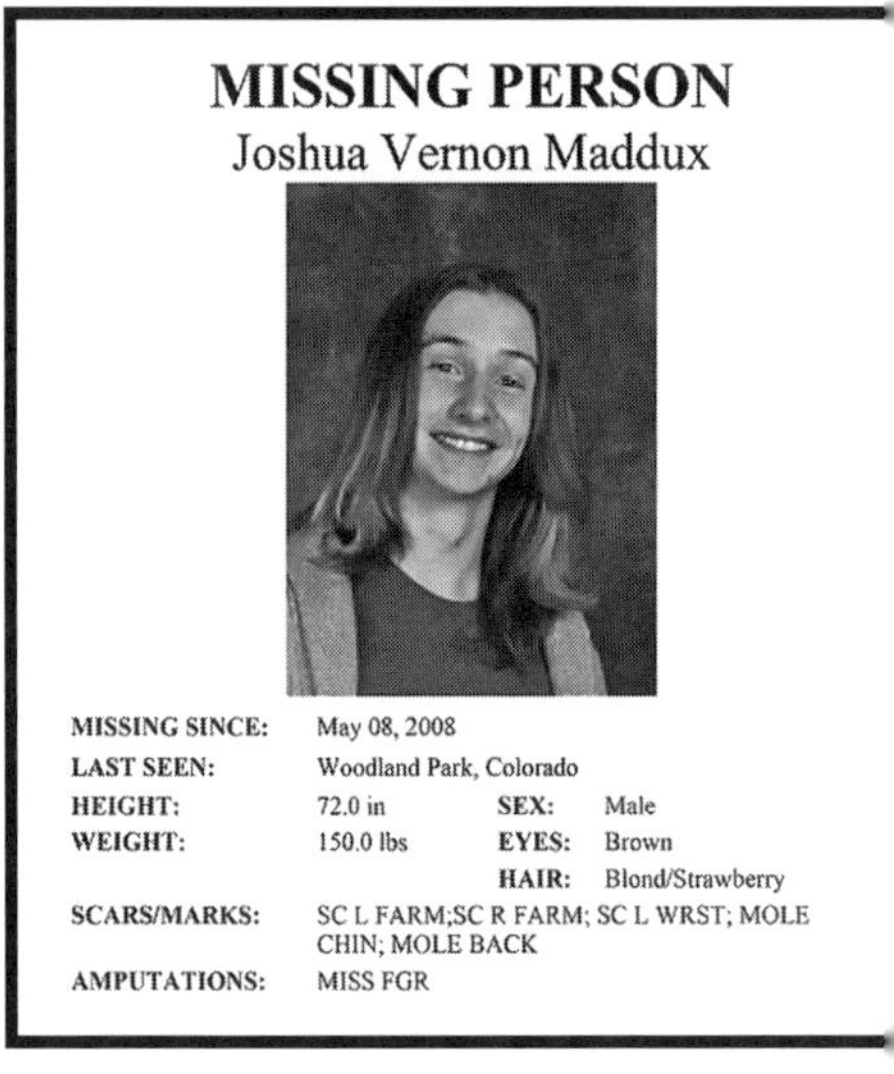

MISSING PERSON

Joshua Vernon Maddux

MISSING SINCE:	May 08, 2008
LAST SEEN:	Woodland Park, Colorado
HEIGHT:	72.0 in
WEIGHT:	150.0 lbs
SEX:	Male
EYES:	Brown
HAIR:	Blond/Strawberry
SCARS/MARKS:	SC L FARM;SC R FARM; SC L WRST; MOLE CHIN; MOLE BACK
AMPUTATIONS:	MISS FGR

失踪したジョシュアの情報提供を募るポスター

上 ジョシュアの白骨遺体が見つかった山小屋
下 アンドリュー・リチャード・ニューマン。
ジョシュア殺害を吹聴していたが証拠はなかった

ジョシュアの殺害を吹聴していたそうだ。なんでも、ジョシュアが失踪する1年前にバンド仲間を通じて彼と知り合い意気投合したものの、付き合う中でトラブルが起き殺害に至ったという。警察は、ジョシュアが行方不明になる前、アンドリューと一緒にいたことを目撃した複数の証言も得ていた。が、決定的な証拠がなかったのだろう。アンドリューがジョシュア殺害で逮捕・起訴されることはなかった。

18歳の音楽好きな青年はなぜ、煙突の中で死んでいたのか。真相は明らかになっていない。

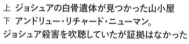

ホテル・セシル連続死亡事件

シリアルキラーも定宿にしていた曰く付きホテルの黒い歴史

２０１３年２月19日、米ロサンゼルスの２つ星ホテル「セシル」屋上の貯水槽から若い女性の腐乱死体が発見された。捜査の結果、ロス市警はこの遺体が３週間前の１月31日、同ホテルから行方不明になっていた中国系カナダ人学生エリサ・ラム（当時21歳）と断定。死因は、彼女が双極性障害と抑うつ症を患っていたことから突発的に貯水槽に身を投げたものと結論づける。

しかし、彼女の死を自殺と判断するには不自然な点も多い。ホテルの屋上に出るにはアラーム付きの従業員専用ドアを抜けて非常用階段を使う必要があり、初めての利用客がフラリと迷いこめるような場所ではない。仮に屋上に上がれたとしても、貯水設備の巨大タンクの上に登るにはハシゴの助けがいる。さらに、タンクの蓋は重く小柄な女性が１人で開けるのは物理的に不可能だった。

では、彼女は殺されたのか。同じホテルに30年あまり住み続ける男性客が『ロサンゼルス・タイムス』紙の取材に応えたところによれば「（ラムが行方不明になった夜）上の階からこれまで一度も聞いたこともない激しい物音が響いてきた」そうで、当夜、３階と４階の間で配水管の故障があり、ホテルのフロアに水が溢れ出したのだという。また、失踪当夜、ホテルの監視カメラに、エレベーターの中で身を隠すようにして、誰か（それとも〝何か〟）をやり過ごそうとしたり、繰り返し廊下をうかがうラムの姿が写っていることも判明した。ただ、この奇

ロスのダウンタウンに建つホテル・セシル

妙な行動が事件と関係しているのかどうかはわかっておらず、真相はいまだ謎に包まれている。

事件の舞台となったホテル・セシルは1927年に開業した歴史あるホテルだが、これまで様々な曰く付きの死亡事件が起きたことでも有名である。世界大恐慌が原因と思われる1930年代だけで6人が自殺。その後も自殺は連鎖し、1962年には、夫と激しい口論した末、ホテルの窓から投身自殺を図った女性が偶然にも通りすがりの男性のもとに落下し、2人とも死亡するという悲惨な事件が起きている。

1944年には、ドロシー・パーセルという19歳の女性がホテルに滞在中に出産、赤ん坊を窓から投げ落とし死に至らしめた。逮捕された彼女は、赤ん坊が産まれてすぐに死亡したと思っていたと主張、裁判で精神障害が認められ無罪となっている。

ホテル・セシルで最初の殺人が起きたのは

1964年6月4日。ホテルの一室に長期滞在し、近くの公園で鳩に餌をやることから地元の人々の間で「パーシング広場の鳩女」と呼ばれていた当時79歳のゴールディー・オズグッドの遺体がホテルの部屋で見つかった。検死の結果、強姦されたうえで首を絞められ殺害されたことが判明。警察の捜査も虚しく、犯人逮捕には至らなかった。当時のホテル周辺は麻薬、売春、暴力、殺人などが頻繁に起こる危険エリアで、彼女もこの地域にたむろしていた犯罪者の餌食になったものと思われている。

ホテル・セシルを定宿にしていたシリアルキラーもいる。1人は1980年代半ばに「夜のストーカー」の異名で恐れられたリチャード・ラミレス（1960年生）。彼は1984年6月に79歳の女性をレイプしたうえ刺殺したのを皮切りに、1985年8月に逮捕されるま

ホテル屋上の貯水槽（写真中央）の中から遺体で発見されたエリサ・ラム。
左は失踪当夜、エレベーター内の監視カメラが捉えた、不審な行動をとる彼女の姿

でに計13人を殺害。その約1年の間、ホテル・セシルに泊まり無差別殺人を繰り返していた。裁判で死刑判決を下されたラミレスが獄中で病死したのは、前述のラムの遺体が発見された４ヶ月後、２０１３年6月7日のことである。

もう1人、ジャック・ウンターベガー（１９５１年生）は１９７４年に地元オーストリアでドイツ人女性を絞殺、14年の服役の後、１９９０年に釈放され、その1年間だけで7人の命を殺めた大量殺人鬼だ。ウンターベガーは翌１９９１年、ロサンゼルスに移住。セシル・ホテルに長期滞在し、売春婦３人を殺害している。

このように忌まわしい過去を持つホテルだが、それを承知で宿泊を希望する客が後を絶たないそうだ。

上　1964年、ホテルの一室で殺害されたゴールディー・オズグッド。犯人は特定されていない
下　セシル・ホテルを定宿にしていた連続殺人鬼のリチャード・ラミレスとジャック・ウンターベガー（1994年、獄中で自殺。享年42）

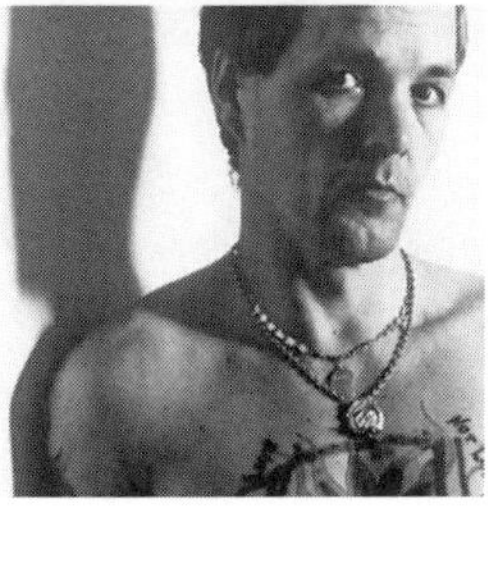

堺市市営住宅首つり事件

「あなたの部屋で人が死んでいる」。始まりは1本の怪電話だった

2013年6月26日夜、大阪府堺市の市営団地の部屋で、当時46歳の男性が首をつって亡くなっているのが発見された。ただの自殺のように見える事件だが、実は亡くなった男性は部屋の住人ではなく、借り主は当時21歳の男性だった。まさに奇怪ともいうべきこの事件には複数の人物が関係している。まずは、事件の登場人物を紹介しておこう。

A：46歳。Bの部屋で遺体で発見される。
B：21歳。Aの遺体が発見された部屋の本来の住人。
C：Bの母親。後にAと顔見知りと証言。
D：Cの内縁の夫。Bから「死体」の話を最初に聞いた人物。
E：Cの娘でBの姉。
F：24歳。Eの夫、Bの義兄。Aの遺体を見つけ警察に通報。
G：Fの会社の同僚。Fとともに遺体を発見。
H：40代。Aの遺体をFとGが発見した際に部屋にいた身元不明の人物。警察に通報後、失踪。

「あなたの部屋で人が死んでいる」

写真はイメージ

事件の発端は26日19時頃、遺体が発見された部屋に住むBさんの携帯電話にかかってきた1本の奇妙な電話だった。聞き覚えのない関東弁を話す男性からの電話を外出先で受けたBさんは驚愕したものの、あまりの恐怖に部屋に戻ることも警察に通報することもなく、母親Cさんに連絡。電話を受けたのはCさんの内縁の夫Dさんで、ここから事は伝言ゲームのように進んでいく。Dさんは自分の娘であるEさんに相談し、さらにEさんは自分の夫であるFさんに相談。最終的にFさんが同僚Gさんと一緒に、Bさんの部屋を訪ねる。不審な電話があった4時間後の同日23時頃のことだ。

2人がドアのチャイムを鳴らすと、無人のはずの部屋から見知らぬ40代ぐらいの男性Hさんが顔を出した。予期せぬ展開に驚きつつもFさんが事情を話したところ、Hさんは「確かに部屋に死体がある」と中に招き入れる。と、部屋の中でカーテンレールに電気コードを引っかけた状態で亡くなっている男性Aさん（当時46歳）を発見。Fさんはすぐに警察に通報したが、この間にHさんは姿を消しそのまま行方不明に。同時に部屋の住人であるBさんの所在もわからなくなった。

なぜ、Bさんの部屋で、彼とは無縁のAさんが首をつっていたのか。遺体発見時、部屋にいたHさんとは何者なのか。あまりに不可解な事件にネットが騒然とするなか、Eさんがメディアの取材に応え、遺体で見つかったAさんは自分の古い友人で、近々息子Bさんの部屋で同居するにあたり、引っ越しの手伝いを頼んでいたと証言。そのため、AさんはBさんの部屋に泊まり込んでいたのだという。またHさんとは家族全員、面識がないそうだ。

なんとも要領の得ない話に、ネットでは様々な憶測が流れる。一つはBさん犯人説。何らかのトラブルの末にAさんを殺害したBさんを庇《かば》うために、母親Cさんを含めた親族が謎の電話や見知らぬ男の存在をでっち上げた狂言騒動ではないかというものだ。が、Bさんが取り調べを受けた事実はなく、そもそも警察が素人の狂言を見抜けないわけがない。他にも、第一発見者のFさんこそが犯人ではないかという説も存在する。こちらは、何らかの事情でAさんを殺害したFさんを親族全員で庇っているというもので、そもそも部屋から出てきた見知らぬ男性Hさんは存在していない架空の人物だという。ただ、この仮説も素人一家がAさん殺害の物証を完璧に隠蔽して警察の目を欺《あざむ》き続けることなど到底不可能なことから、見立てとしては無理がある。実際、Fさんもまた取り調べを受けたとの報道はない。

一方、大阪府警は親族5人が事件に関与している可能性があるとみて、事件と自殺の両面で

事件を報じるANN（テレビ朝日系）のニュース

捜査を開始した。が、２０２２年3月時点で正式な公表はなく、一部では自殺として処理されたとの情報もある。部屋の住人であるBさんを含めた親族が事情を知っていることは間違いないだろう。ただ、そこにどんな秘密が隠されているのかは謎のまま。果たして、この怪事件の真相が解明される日は来るのだろうか。

ライアン・シングルトン失踪・死亡事件

遺体から目も心臓も肺も肝臓も腎臓も抜かれていた謎

2013年7月9日、モデルや俳優で成功することを夢見てハリウッドで精力的に活動していた当時24歳のライアン・シングルトンは、週末をラスベガスで過ごした後、レンタカーでロサンゼルスの自宅へ向かっていた。しかし、途中の砂漠地帯で車が故障。困り果てた彼は通りかかったハイウェイパトロールにピックアップしてもらい、カリフォルニア州ベイカーのガソリンスタンドまで送り届けてもらう。そこから「迎えに来てほしい」と電話を受けた友人がベイカーに向かったものの、ライアンの姿はない。行き違いになったのかとも思ったが、以降ライアンからの連絡はなく、消息は完全に途絶える。

友人が家族に相談し、ロサンゼルスの警察に捜索願を提出。何の進展もないまま3ヶ月が過ぎた10月、ライアンの母親のもとに警察からショッキングな知らせが届く。ライアンが最後に目撃されたガソリンスタンドから3キロほど離れた場所で彼の遺体が発見されたのだが、なんと遺体から目も心臓も肺も肝臓も腎臓も抜かれていたというのだ。

すでに遺体の腐敗が進んでいたため、正確な死因は特定することができなかったが、ライアンの臓器がなくなっていたことについて、捜査当局は野生の動物、例えば周辺に生息しているコヨーテなどに食べられた可能性が高いと結論づけた。しかし、彼の母親は「息子は違法な臓器売買に巻き込まれ殺害された」と主張。ネットにもその主張を支持する多数の声が寄せられた。

上　ライアン・シングルトン。車の故障さえなければ今頃、ハリウッドで活躍していたかもしれない
下　母親のアイリスはメディアを通じて事件の真相解明を訴えている

果たしてライアンはなぜ死亡し、なぜ臓器を喪失したのか。最愛の息子を失った母親は死の真相を解明しようとメディアの取材も積極的に受けているが、解決への糸口は未だ見えていない。

台湾漁船銃乱射動画流出事件

タクシーの忘れ物の携帯電話に入っていた衝撃映像の謎

２０１４年のある日、大西洋の小国フィジー共和国でタクシーに乗った１人の男子学生が、以前に乗車した客の忘れ物と思われる携帯電話が落ちているのを見つけた。持ち主を特定するために携帯電話の中のデータを調べたところ１本の動画ファイルが。軽い気持ちで再生したところ、そこには衝撃的な光景が10分間にもわたって撮影されていた。海の沖合へ向う数隻の漁船。やがて、海の中を泳ぐ男性たちの姿が写し出され、発砲音とともに海面から水しぶきが上がり、海が赤く染まっていく。映像は、海の中で思うように身動きの取れない男性たちを、周囲にいる人物たちが漁船からライフルで狙撃している現場を撮影したものだったのだ。確認できる被害者の数は少なくとも４人。船上の男たちは笑い声を上げ、常軌を逸した行動を楽しんでいる。驚いた学生は、ユーチューブに動画を投稿した。と、映像はたちまち拡散され、海外メディアもニュースとして報じたことから、現地のフィジー当局も調査に乗り出すほどの大問題に発展していく。

ネットでは、拡散されることを目的に撮影されたフェイク映像だと指摘する声もあったが、フィジー警察は映像が「本物である」と認定。謎の動画に関して、いくつかの事実を明らかにする。

▽映像からはベトナム語、インドネシア語、中国語など、複数の言語が確認できる。

映像に収められていた漁船と
犯人と思しき男たち

▽映り込んだ漁船の船体には「安全第一」「Chun I 217」と書かれている。

この情報から、映像の中の船の一隻は台湾籍のマグロ漁船だと特定された。が、船の所有者は取り調べの中で「何十隻も漁船を所有していているので、誰に貸し出しているのか自分では把握していない」と曖昧な答えに終始し、犯人につながる情報は皆無。最終的に、フィジー当局は明確な証拠が残されているにもかかわらず、船員に行方不明者が出ているとの報告はなく、自分たちの領土で起きた事件ではないと結論づけ捜査を終了。事件自体がなかったものとして処理してしまう。巷では、海賊やマフィアの関与を疑う声も多いが、真相は明らかになっていない。

ラース・ミッタン失踪事件

ブルガリアの空港から消失した「ユーチューブで最も有名な行方不明者」

２０１４年7月8日、ブルガリア第3の都市ヴァルナのリゾート地を観光で訪れていた当時28歳のドイツ人男性ラース・ミッタンがこつ然と姿を消した。帰国のために現れた空港の監視カメラには、何も持たず空港から立ち去るラースの姿が捉えられており、その映像はネット上で世界中に拡散、後に「ユーチューブで最も有名な行方不明者」と呼ばれるようになる。

彼の不可解な失踪に関し様々な憶測が流れるなか、捜査に乗り出したブルガリア警察当局は、休暇中のラースに、ある異変が生じていた事実をつかむ。失踪2日前の7月6日、彼は一緒に観光に来た友人らとヴァルナのバーで酒を飲んでいた。そこでサッカーファン同士の言い争いに巻き込まれ、頭部を強く殴られてしまう。結果、鼓膜が破れ、脳震盪を起こし病院へ。ラースはこのときの怪我が原因で友人たちと一緒にドイツへ帰国することができなくなった。

先に帰国した友人によれば、最後に会った際のラースは、怪我をしていたものの特に変わった様子はなく落ち着いていたという。しかし、ラースから電話を受けた母親の証言では、銀行のキャッシュカードを失効させてほしいと頼み、怯えた声で「自分を殺そうとしているヤツに尾行されている」と、トラブルに巻き込まれていることを示唆したそうだ。

帰国予定だった8日、空港へ向かったラースは搭乗前に空港で医師の診察を受けている。このとき、彼を診察した医師によれば、ラースは見るからに神経質で不安定な状態で「こんなと

ラース・ミッタンの情報を求める書面と、空港の監視カメラが捉えた彼の姿

MISSING
Name:Lars Mittank - Age:28
Body Height:1,80 m - Body Weight:85 kg
rs was last seen at Varna Airport(Bulgaria) or
8 July 2014.
He probably is injured and disoriented!

ころで死にたくない。ここから出なきゃいけない!!」と訴えたそうだ。荷物を持たずに空港から走り去る姿が監視カメラに写っていたのは、この直後のこと。警察の捜査でも、空港を出た後の足取りはつかめず、家族に雇われた探偵がブルガリア国内を探したものの、今現在も発見には至っていない。

巷では、頭部へのダメージや鼓膜が破れたことによって、ラースの中で妄想が膨らみ、誰かに狙われてると思い込んだ末に姿を消したという説が有力視されている。では、彼はどこに消えたのか。ブルガリアは人身売買や組織犯罪が横行していることで知られており、ラースが何らかの犯罪に巻き込まれた可能性を指摘する声もあるそうだ。

鉄人文庫

知れば知るほど背筋が凍る世界の未解決ミステリー

2023年4月24日　第1刷発行

編　者　　鉄人ノンフィクション編集部
発行人　　尾形誠規
発行所　　株式会社 鉄人社
〒162-0801 東京都新宿区山吹町332 オフィス87ビル 3F
TEL 03-3528-9801　FAX 03-3528-9802
http://tetsujinsya.co.jp

デザイン　細工場
印刷・製本　株式会社シナノ

主な参考サイト

Mysterious Universe　Wikipedia　トカナ　殺人博物館　世界の猟奇殺人者
exciteニュース　YAHOO!ニュース　ビター・マガジン　未解決事件X迷宮ファイル
河北新報オンラインニュース　オカルトオンライン　THE SANKEI NEWS
シェアチューブ　FRIDAY DIGITAL　カラパイア　CHUKYO TV NEWS
海外B級ニュース　ザ・ミステリー体験　The Morbid Library　Abema News
Daily Star　HUFFPOST　東スポweb　Daily Mail

ISBN978-4-86537-256-4　C0176　

本書へのご意見、お問い合わせは直接、小社までお寄せくださるようお願いします。